本书编委会

主编　刘静茹
编委　（按姓氏笔划排序）

西宁市城中区

有效作业设计

西宁市城中区教学研究室 编

黄河出版传媒集团

阳 光 出 版 社

图书在版编目（CIP）数据

西宁市城中区有效作业设计 / 西宁市城中区教学研究室编. — 银川：阳光出版社，2021.1
　ISBN 978 – 7 – 5525 – 5771 – 8

　Ⅰ.①西… Ⅱ.①西… Ⅲ.①小学语文课 – 学生作业 – 教学设计②小学数学课 – 学生作业 – 教学设计③英语课 – 小学 – 学生作业 – 教学设计 Ⅳ.①G622.46

中国版本图书馆 CIP 数据核字（2021）第 031547 号

西宁市城中区有效作业设计

西宁市城中区教学研究室　编

责任编辑	金小燕
封面设计	杜延平　宋　刚
责任印制	岳建宁

黄河出版传媒集团
阳 光 出 版 社　出版发行

出 版 人	薛文斌
地　　址	宁夏银川市北京东路 139 号出版大厦（750001）
网　　址	http://www.ygchbs.com
网上书店	http://shop129132959.taobao.com
电子信箱	yangguangchubanshe@163.com
邮购电话	0951 – 5014139
经　　销	全国新华书店
印刷装订	西宁市第十一中学印刷厂
印刷委托书号	（宁)0020042

开　　本	880 mm × 1230 mm 1/16
印　　张	11.25
字　　数	170 千字
版　　次	2021 年 1 月第 1 版
印　　次	2021 年 1 月第 1 次印刷
书　　号	ISBN 978 – 7 – 5525 – 5771 – 8
定　　价	39.80 元

目 录

语 文

数　学

英 语

语文

《日月水火》作业设计

华罗庚实验学校西宁分校　张玉莲

1.（1）看图写汉字。

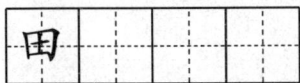 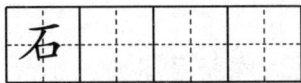 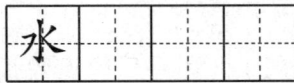

（2）正确、工整地书写下面几个汉字。

田　　　　　石　　　　　水

火　　　　　禾　　　　　山

2.给生字选择正确的音节,并画上"√"。

日(rì　 èr)　　月(yè　yuè)　　水(shuǐ　suǐ)　　火(hǒu　 huǒ)

3.给下列图形找出对应的汉字,并用线连接起来。

　　月　　

　　　　　石

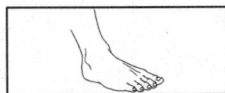　　足　　

　　　　　花

设计意图

作业1:让学生在趣味中巩固生字,并培养良好的书写习惯。

作业2:检查学生对生字的认读,巩固基础。

作业3:将知识延伸到课外,让学生进一步理解汉字的意思。

《语文》一年级上册

3

《秋天》作业设计

七一路小学　赵　滢

1. 请画出自己眼中的秋天。

2. (1) 积累关于秋天的词语,写在括号里。

　　（　　　　）（　　　　　）（　　　　　）

　　(2) 摘抄两句描写秋天优美景色的句子,写在横线上。

_____

_____

_____

设计意图

　　作业1:让学生通过绘画,直观感受秋天的特点。

　　作业2:让学生通过积累词语、诗句等,培养自学能力。

《语文》一年级上册

《四季》作业设计

逸夫小学　陈兄林

1. 四人一小组,正确、工整地书写下面几个汉字,每个字写两遍。

姓名:	姓名:	姓名:	姓名:
天			
四			
是			

2. 选择一个你喜欢的季节,小组成员合作绘制所选择季节的图画,再写上相应的句子。

设计意图

作业1:认识生字,掌握生字的笔顺。

作业2:用图画展示所学内容,鼓励学生在同学面前展示自己。

《比尾巴》作业设计

大同街小学 路 洁

1.填空。

"长"字共( )画,第三画是( );"比"字共( )画,第一画是( );"巴"字共( )画,第三画是( )。

2.(1)反义词连线。

大 短 直 前 黑 早 扁

晚 长 弯 圆 后 小 白

(2)用线将词语和动物的尾巴连起来。

松鼠 尾巴长

猴子 尾巴短

兔子 尾巴好像一把伞

孔雀 尾巴弯

公鸡 尾巴最好看

3.(1)写出下列字的偏旁。

把( ) 猴( ) 松( ) 鸭( )

(2)组词。

公( ) 巴( ) 松( ) 把( )

设计意图

作业1:掌握汉字的基本笔画,并按笔顺正确书写。

作业2:加强反义词练习;帮学生巩固六种动物尾巴的特点。

作业3:掌握汉字偏旁部首;分辨形近字。

《语文》一年级上册

《雪地里的小画家》作业设计

南山路小学　马玉珺

1. 我会连。

2. (1) 选字填空。

　　　　子　　　自

① 这个孩(　　)是小明吗?

② 你(　　)己画一幅画吧!

　　　　几　　　己

③ 他们(　　)个人在开会。

④ 我自(　　)去上学。

(2) 比一比,再组词。

几(　　　　) 月(　　　　) 电(　　　　) 果(　　　　)

儿(　　　　) 用(　　　　) 鱼(　　　　) 里(　　　　)

3. (1) 青蛙没参加画画是因为(　　　　)。

A. 青蛙不会画画　B. 青蛙还没有起床　C. 青蛙在洞里冬眠

(2) 我是小诗人。

雪地里的小画家

下雪啦,下雪啦! 雪地里来了一群小画家。

(　　　)画(　　　),(　　　)画(　　　),

（　　　）画（　　　），（　　　）画（　　　），

不用颜料不用笔，

几步就成一幅画。

（　　　）为什么没参加？

他在洞里睡着啦。

设计意图

作业1:用直观的画面帮学生巩固书本知识。

作业2:培养学生辨别同音字和形近字的能力,并能正确书写运用。

作业3:让学生联系课文和生活实际自己作诗,培养学生的创造性思维能力。

《语文》一年级上册

《小蜗牛》作业设计

北大街小学　乔　丹

1. 正确、工整地书写下面几个汉字。

| 对 | | | 妈 | | | 全 | | | 回 | | |

2. 根据课文内容连一连,说一说。

　　　　树叶碧绿碧绿的　　　　春天

　　　　树叶全变黄了　　　　夏天

　　　　地上盖着雪　　　　秋天

　　　　小树发芽了　　　　冬天

设计意图

作业1:让学生感知汉字的美,引导学生正确、工整地书写。

作业2:激发学生学习汉字的兴趣,认读巩固词语。

作业3:借助图画进行口语训练,让学生理解课文内容的同时,提高语言表达能力。

《小青蛙》作业设计

大同街小学　张　娴

1. 我会选。

请　清　情　晴　睛

春天来了,天气 ☐ 朗, ☐ 澈(chè)的河水流淌着。亲爱的小朋友

们, ☐ 让我们用眼 ☐ 一起寻找春天吧!

2. 我会写。

情					请				

气					生				

3. 和爸爸妈妈一起查找小青蛙的相关资料,并分享给好朋友。

4. 在小组内朗读全文,听听谁读得好。

设计意图

作业1:让学生结合语境区分形近字,巩固形声字的识字方法。

作业2:正确、工整地书写生字,培养良好的书写习惯。

作业3:让家长参与到孩子的成长中;鼓励孩子从课外资料中获取知识,拓宽知识面。

作业4:通过朗读加深对文本的理解。

《猜字谜》作业设计

西关街小学　张晓璐

1. 把下列生字与相对应的拼音连起来。

| 相 | 动 | 万 | 怕 | 言 |

| wàn | xiāng | pà | yán | dòng |

2. 给下列汉字加上偏旁变成另一个字,并用组成的新字组词。

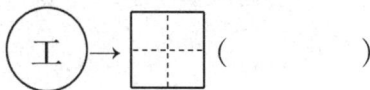

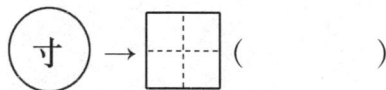

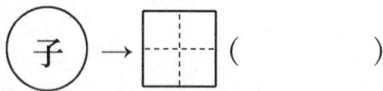

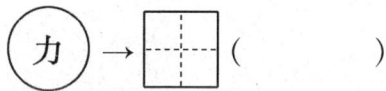

工 → □（　　　　） 寸 → □（　　　　）

子 → □（　　　　） 力 → □（　　　　）

3. (1)重点段落品析。

　　　　　　左边绿,右边红,左右相遇起凉风。

　　　　　　绿的喜欢及时雨,红的最怕水来攻。

① 请找出表示颜色的词语,并写在括号里。

　（　　　　）　（　　　　）

② 这个谜语的谜底是(　　　　　)。

(2)猜一猜。

　　千条线,万条线,落到河里看不见。

　　　　　　　　　　　　　　　谜底:(　　　　　　　)

（3）我也能编一个字谜。

设计意图

作业1：巩固本课要求会认的字。

作业2：联系新旧知识，构成知识网。

作业3：巩固课文内容，并用课堂学习的方法猜字谜、编字谜，激发学生的学习兴趣。

《语文》一年级下册

《我多想去看看》作业设计

谢家寨小学　丁启琴

1. 我会填。

（　　　　）的天安门　　　（　　　　）的天山

（　　　　）的公路　　　（　　　　）的雪莲

2. 我会写。

北			

广			

京			

3. 我会读。

(1) 遥远的北京城,有一座雄伟的天安门,广场上的升旗仪式非常壮观。

(2) 我对妈妈说,我多想去看看,我多想去看看!

(3) 遥远的新疆,有美丽的天山,雪山上盛开着洁白的雪莲。

设计意图

作业1:帮学生巩固课文内容,感受文中景物特点。

作业2:引导学生正确、工整地书写生字。

作业3:引导学生有感情地朗读句子。

《语文》一年级下册

《四个太阳》作业设计

1.读拼音,写字词。

chūn

(1) [ ] 天是个多彩的季节。

jīn   tài yáng   qiū   xiào

(2)我画了个 [ ] 黄的 [ ] 送给 [ ] 天和学 [ ] 。

2.照样子,写句子。

例:我画了个红红的太阳,送给冬天。

(1)_____

(2)_____

3.给四季的太阳画上相应的颜色,并说说理由。

春 ☼   夏 ☼   秋 ☼   冬 ☼

4.读一读下列和太阳有关的词语。

fēng hé rì lì   bō yún jiàn rì   xù rì dōng shēng
风 和 日 丽   拨 云 见 日   旭 日 东 升

设计意图

作业1:工整书写,巩固字词。

作业2:仿写句子,激发兴趣。

作业3:拓宽思维,有效练说。

作业4:拓展阅读,迁移使用。

《端午粽》作业设计

观门街小学　　王梦洁

1. 在生字本上认真书写本课的 7 个生字并组词。

2. 向身边的人了解关于端午节的知识并填写表格。

哪一天是端午节	端午节吃什么
你知道哪几种馅的粽子	端午节为什么挂香包
端午节纪念谁	你还知道哪些关于端午节的知识

3. (1) 有感情地朗读课文。

　　(2) 找一些关于端午节的故事读一读。

设计意图

作业 1：掌握汉字的基本笔画，并按笔顺规则书写汉字。

作业 2：利用表格梳理有关端午节的知识，习得自主学习方法，培养课外学习能力。

作业 3：利用生活中的语文资源，培养学生自主阅读的习惯，感受阅读的乐趣。

《语文》一年级下册

《动物儿歌》作业设计

观门街小学 王雅彬

1. (1) 请找出以下生字中的形声字, 并涂上黄色。

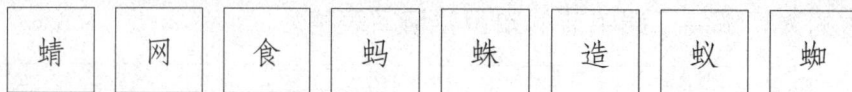

| 蜻 | 网 | 食 | 蚂 | 蛛 | 造 | 蚁 | 蜘 |

(2) 在报纸中找几个和动物有关的形声字, 贴一贴。

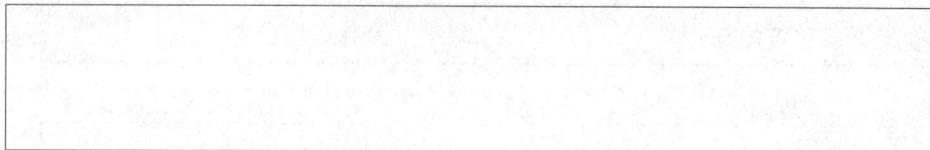

(3) 请找出课文中的其他形声字, 填入方框中。

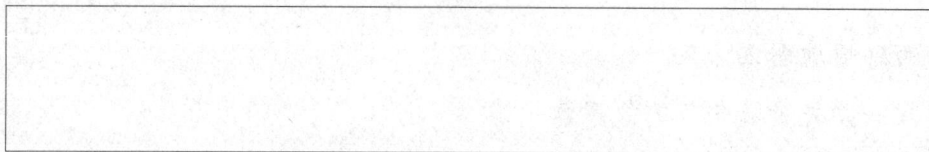

2. 同学们, 快去和生活中的其他形声字做朋友吧。

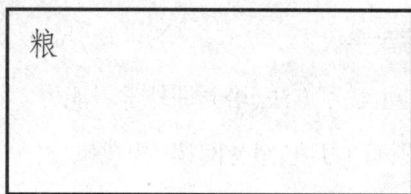

粮

左形右声

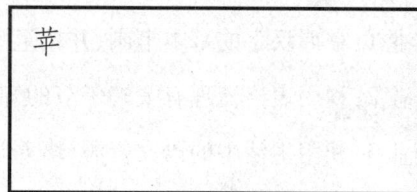

苹

上形下声

设计意图

作业1:掌握形声字的识字方法,分辨形声字。

作业2:在生活中找出其他的形声字,提升学生的识字兴趣。

《语文》一年级下册

《荷叶圆圆》作业设计

劳动路小学　黄丽英

1. 看图猜字,并写在括号里。

 （　　　）　　　　 （　　　）

2. 给句子选择恰当的词语,将序号填在括号里。

　　①躺　　　②立　　　③蹲　　　④躲

小青蛙(　　　)在荷叶上。　　　小蜻蜓(　　　)在荷叶上。

小水珠(　　　)在荷叶床上。　　　小鱼(　　　)在荷叶伞下。

3.(1)画一画美丽的荷叶。

(2)照样子把句子写完整。

荷叶圆圆的,绿绿的。　　　　　　苹果_____,_____。

设计意图

作业1:抓住事物特点猜生字,掌握生字的特点。

作业2:结合课文,正确使用动词。

作业3:提高学生的想象及表达能力。

《动物王国开大会》作业设计

劳动路小学　周　娟

1. 动物王国要开大会了,狗熊发布了四次通知,你能学着狗熊的声音发布这四次通知吗?

　　📢 大家注意,动物王国要开大会,请你们都参加!

　　📢 大家注意,动物王国要在明天开大会,请你们都参加!

　　📢 大家注意,动物王国要在明天上午八点开大会,请你们都参加!

　　📢 请注意啦! 明天上午八点,在森林广场开大会,请大家都参加!

2. 大会终于结束了,你能帮狗熊整理这次大会的情况吗?

时间:_____	地点:_____	参加人:_____
事件:_____	通知人:_____	

3. 少先队大队部要号召大家到小剧场参加"开学典礼",请你帮忙发布一则通知。

　　　　　　　　　通　　　知

　　今天下午两点三十分,_____

_____。

　　　　　　　　　　　　　　　少先队大队部

　　　　　　　　　　　　　　　2020 年 3 月 1 日

设计意图

　　作业1:引导学生了解发布通知应注意的要点。

　　作业2:培养学生提取文章关键信息的能力。

　　作业3:引导学生学以致用,掌握通知的写法。

《小猴子下山》作业设计

1.（1）给下列生字选择正确的读音,画"√"。

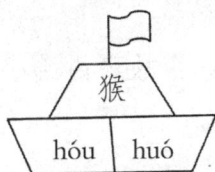

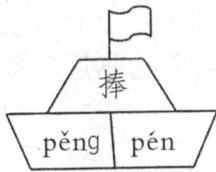

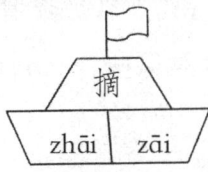

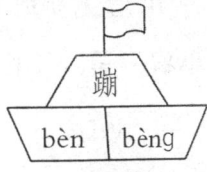

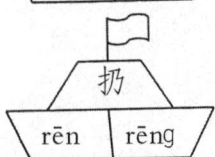

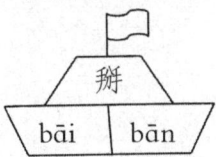

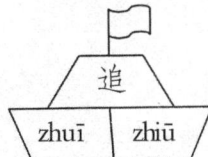

| 猴 | 捧 | 摘 | 蹦 |
| hóu　huó | pěng　pén | zhāi　zāi | bèn　bèng |

| 扔 | 掰 | 追 | 抱 |
| rēn　rēng | bāi　bān | zhuī　zhiū | bào　pào |

（2）选字填空。（只填序号）

| ①扛 | ②掰 | ③摘 | ④捧 | ⑤抱 | ⑥扔 |

① 秋天,农民们在地里(　　　)玉米。

② 吃完香蕉,不能乱(　　　)香蕉皮,要放进垃圾桶里。

③ 我(　　　)着洋娃娃睡觉。

④ 我去菜园里(　　　)黄瓜。

⑤ 爸爸(　　　)着铁铲去山上栽树。

⑥ 妈妈(　　　)着刚买的玉,舍不得放下。

2. 根据课文内容填空。

（1）小猴子所见。

① 小猴子下山看见玉米结得_____,看见满树的桃子_____,看见满
地的西瓜_____,看见一只小兔子_____。

② 这些好东西光是看看就那么吸引小猴子。要是小猴子尝尝的话,会品尝到怎
样的味道?

玉米又_____又_____。

19

桃子又_____又_____。

（2）小猴子所做。

① 小猴子扔了(　　　　)(　　　　)(　　　　)，去追(　　　　)，结果没追上，小猴子只好两手空空回家去了。

②《小猴子下山》告诉我们的道理是(　　　　)。

　　A. 做事不能三心二意，应该一心一意

　　B. 看见新的东西，就可以扔掉旧的

3. 小猴子再次下山，会看见些什么，他又会怎么做呢？续编这个故事讲给小伙伴们听一听。

设计意图

作业1：读准字音，正确运用生字。

作业2：考查学生对文本主要内容的掌握，恰当运用语言。

作业3：延伸文本内容，培养学生发散思维能力。

《语文》一年级下册

《小壁虎借尾巴》作业设计

逸夫小学　　陈兄林

1. 在田字格中写一写这个字,再把笔顺写在后面的横线上。

爬 _____

房 _____

2. (1) 故事回望。

_____用尾巴拨水;_____用尾巴赶苍蝇;_____用尾巴掌握方向。

(2) 阅读收获。

兰兰的收获:小壁虎断了尾巴后还能长出新尾巴来。

方方的收获:不同的动物,有不同的尾巴;不同的尾巴,有不同的用处。

① 你的收获:_____

② 你同桌的收获:_____

3. 我会读。

猴子尾巴细又长,常把自己挂树上。

兔子尾巴一点点,蹦蹦跳跳撅天上。

公鸡尾巴弯又弯,花花绿绿像个毽。

松鼠尾巴蓬松松,树上跳下像伞兵。

孔雀尾巴像把扇,五颜六色真好看。

设计意图

作业1:巩固基础知识,培养正确书写的习惯。

作业2:让学生回忆课文内容,厘清思路,在练习中培养合作交流能力。

作业3:拓展阅读,提升学生学习兴趣。

《小蝌蚪找妈妈》

西关街小学　徐　娜

1. 著名作家赵树理说:"读书也像开矿一样,沙里淘金。"辛勤的小蜜蜂们,你从本课淘到了哪些金子呢?

好词:(　　　　)　(　　　　)　(　　　　)

　　　(　　　　)　(　　　　)　(　　　　)

好句:＿＿＿＿＿＿＿＿＿＿＿＿＿＿＿＿＿＿＿＿＿

＿＿＿＿＿＿＿＿＿＿＿＿＿＿＿＿＿＿＿＿＿＿＿

2. 用音序查字法查一查。

宽:＿＿＿＿＿＿＿＿＿＿＿＿＿＿＿＿＿＿＿＿

顶:＿＿＿＿＿＿＿＿＿＿＿＿＿＿＿＿＿＿＿＿

3. 小蝌蚪好可爱,就像一位有趣的魔术师。快和家长聊一聊小蝌蚪的变化过程。

长出两条后腿　长出两条前腿　尾巴变短

4. 请同学们阅读《岩石上的小蝌蚪》《不合群的小蝌蚪》和《十万个为什么》,进一步了解小蝌蚪和大自然的奥秘,并把自己了解到的知识写在横线上。

＿＿＿＿＿＿＿＿＿＿＿＿＿＿＿＿＿＿＿＿＿＿＿＿＿

＿＿＿＿＿＿＿＿＿＿＿＿＿＿＿＿＿＿＿＿＿＿＿＿＿

＿＿＿＿＿＿＿＿＿＿＿＿＿＿＿＿＿＿＿＿＿＿＿＿＿

5. 认真观察,仿写你喜欢的小动物的样子。

设计意图

作业1:积累词、句,丰富学生语文知识储备。

作业2:在实践中巩固音序查字法。

作业3:结合图片了解小蝌蚪的变化过程,巩固课堂所学知识。

作业4:丰富学生的知识,让学生爱上阅读,爱护小动物。

作业5:通过仿写,提高写话能力。

《语文》二年级上册

《植物妈妈有办法》作业设计

1.（1）正确、工整地书写本课所学的生字并注音。

（2）把你在本课中积累的词语写在下面的括号里。

（   ） （   ） （   ） （   ）

（   ） （   ） （   ） （   ）

2.（1）根据课文内容连线。

蒲公英　　　太阳晒　　　　　豆荚　　　靠风

苍耳　　　　动物挂　　　　　降落伞　　靠动物

豌豆　　　　微风吹　　　　　铠甲　　　靠阳光

（2）结合全文来看，"四海为家"的意思是（   ）。

A. 四面是海的地方才可以当作自己的家

B. 植物种子成熟了,离开妈妈,到处都可以生根发芽

这个地方我有疑问：_____

（3）写近义词。

旅行——（   ）　　　办法——（   ）

（4）照样子,补全句子。

例:蒲公英的种子只要有风轻轻吹过,就乘着风纷纷出发。

24

_____只要挂住动物的皮毛,就_____。

_____只要_____,就_____。

设计意图

作业1:复习生字,积累本课的新词。

作业2:梳理课文主要内容,巩固课堂所学知识。

《语文》二年级上册

《拍手歌》作业设计

南川东路第二小学　范晓燕

1. 找出每组词语中加点字的共同点,再写几个这样的字。

    (1) 公鸡　　　黄鹂　　　天鹅

    这些字里都有(　　　　　),这样的字还有:_____。

    (2) 孔雀　　　大雁　　　老鹰

    这些字里都有(　　　　　),这样的字还有:_____。

2. 和同学或者家人一起玩拍手游戏,一边拍一边诵拍手歌。

3. 你还知道哪些动物? 仿照课文中的句子,试着再编写几句儿歌吧。

    你拍_____,我拍_____,_____。

    你拍_____,我拍_____,_____。

4. 设计一个爱护动物的公益广告牌吧。

设计意图

　　作业1:引导学生观察汉字部件,归类识字,培养独立识字能力。

　　作业2:在诵读中熟悉文本,加深对课文内容的理解。

　　作业3:引导学生了解句式特点,提高写话能力。

　　作业4:让学生树立爱护小动物、珍惜生命的意识。

《语文》二年级上册

《坐井观天》作业设计

观门街小学　邵红赟

1. 想一想,回到家这只青蛙会怎样向青蛙家族介绍外面的精彩世界呢,请你讲给爸爸妈妈听。

2. (1)按提示把故事补充完整,并把自己想说的话写在横线上。

   　　　自从小鸟告诉我:"天(　　　　　　　)!"我就跳出水井,开始了一只青蛙的旅途。我去了田野山洼,去了(　　　　　　),去了(　　　　　　)。我看到了天,天原来那么(　　　　　　),那么(　　　　　　)。

   我多么希望_____。

   我想对大家说:"_____。"

   我想对亲爱的小读者说:"_____。"

   我想对全世界说:"_____。"

   (2)辨析形近字,并组词。

   渴(　　　)——喝(　　　)　　　坐(　　　)——座(　　　)

   话(　　　)——活(　　　)　　　沿(　　　)——没(　　　)

3. (1)成语积累。

   坐井观天　　井底之蛙　　盲人摸象　　一叶障目　　鼠目寸光

   (2)拓展阅读。

   　　　在一口废弃的井里,居住着一只青蛙。这只小青蛙对自己生活的小天地可满意啦,一有机会就要吹嘘一番。

   　　　有一天,它吃饱喝足后闲得无聊,蹲在井栏上休息,忽然瞧见不远处有一只大海鳖在散步。青蛙赶紧扯开嗓门喊起话来:"喂,海鳖兄,快过来,快过来啊!"于是,海鳖来到枯井旁边。青蛙立刻打开了话匣子:"今天算你运气好,我让你开开眼界,参观一下我的住处。那简直是天堂!你大概从来也没有见过这样宽敞的住所吧!"海鳖探头往井里一瞧,只见浅浅的井底积了一汪长满绿苔的泥水,还发出一股刺鼻的怪味儿。

海鳖皱了皱眉头,赶紧缩回了脑袋。青蛙根本没有注意海鳖的表情,挺着大肚子继续对海鳖夸口说:"你看,我住在这里多么惬意呀!我要高兴,就在井边跳跃游玩,累了就到井壁石洞里休息。有时把身子舒服地泡在水里,有时愉快地在稀泥中散散步。你看旁边的那些小昆虫,它们谁能有我过得快乐呢!我独自一人占据这口废井,自由无比!海鳖兄,为什么不进到井中观赏游玩一下呢?"

海鳖听了青蛙的一番高谈阔论,感到盛情难却,便走向井口,可是左腿还没能全部伸进去,就被井栏卡住了。海鳖只好慢慢地退了回去,反问青蛙:"你见过大海吗?"青蛙摇摇头。海鳖接着说:"海的广阔,岂止千里;海的深度,何止千丈。古时候,十个年头里就有九年闹水灾,海水并不因此增多;八个年头里就有七年闹旱灾,海水也不因此而减少。大海不受旱涝影响,住在广阔无垠的大海里才是真正的享受快乐呢!"

青蛙听傻了,鼓着眼睛,半天合不拢嘴。

据此,后人演绎出了两个意思相近的成语:"井底之蛙"和"坐井观天"。

设计意图

作业1:培养学生的复述能力,引导学生有目的地训练,提升表达的自信心。

作业2:以读促写,读写结合,引导学生迁移运用。

作业3:构建课内外联系,把快乐阅读与建构家校学习共同体结合起来。

《语文》二年级上册

《雪孩子》作业设计

南大街小学　李　兰

1. 写出带有下列偏旁的汉字。

车(　　　)(　　　)　口(　　　)(　　　)　日(　　　)(　　　)

2. 想一想故事内容,按顺序排列下列短语。

着火了　救小兔　堆雪人　变成云　一起玩　不见了

(　　　)→(　　　)→(　　　)→(　　　)→(　　　)→(　　　)

3. 根据生活经验填空,把"添"字运用到生活中。

屋子里真冷,往火堆里再加些柴火,就叫——添把柴。

多一个人吃饭,往饭桌上再加一双筷子,就叫——添(　　　)。

我还能想到添(　　　)、添(　　　)、添(　　　)。

4. 和朋友一起读一读这首儿歌。

雪娃娃,真可爱,伴着小兔唱又跳。

小白兔,玩累了,回屋赶快添柴火。

小火苗,烧得旺,烧着柴堆起火了。

雪娃娃,飞奔去,冒着危险救小兔。

救出小兔大欢喜,浑身被烤化成水。

设计意图

作业1:借助本课生字拓宽识字渠道。

作业2:梳理课文内容,培养低年级学生的逻辑思维能力。

作业3:借助生活,用更形象的方式积累语文知识。

作业4:激发学生的阅读与学习兴趣。

《狐狸分奶酪》作业设计

劳动路小学　潘远红

1. 我会写。

奶		第		吵		仔		咬	

kāi shǐ　　　　bāng máng　　　　gōng píng　　　　zhǎo jí

2. 看图,把《狐狸分奶酪》的故事讲给爸爸妈妈听。

3. 学完课文,如果你是小熊,你会说什么呢?请同学们把自己想说的话写在横线上,并把自己懂得的道理讲给父母听。

(1) 如果你是小熊,你会对狐狸说:"＿＿＿＿＿＿＿＿＿。"

(2) 如果你是熊哥哥,你会对熊弟弟说:"＿＿＿＿＿＿＿＿＿。"

(3) 如果你是熊弟弟,你会对熊哥哥说:"＿＿＿＿＿＿＿＿＿。"

设计意图

作业1:考查学生对汉字字形结构的观察,培养学生的书写能力和看拼音识字、写字能力。

作业2:培养学生概括表达的能力。

作业3:让学生学会表达和分享自己的阅读感受。

作业4:拓展学生阅读面,培养阅读习惯,激发阅读兴趣。

《语文》二年级上册

《语文园地四》作业设计

北大街小学　马耀红

1. 请给车票上加点的字注音。

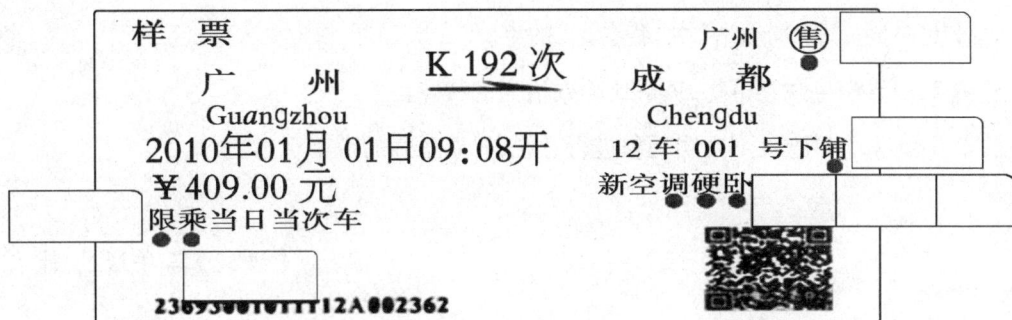

样　票　　　　　　K 192 次　　　广　州 售

广　州　　　　　　　　　成　都

Guangzhou　　　　　　Chengdu

2010年01月 01日09：08开　　12 车 001 号下铺

¥409.00 元　　　　　新空调硬卧

限乘当日当次车

2369300T0TTT12A002362

2. 下面的事物像什么,请说一说,然后写在横线上。

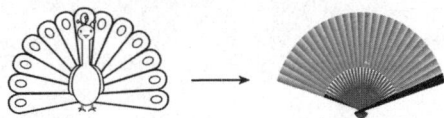

孔雀的尾巴像_____。　　　　　　_____像_____。

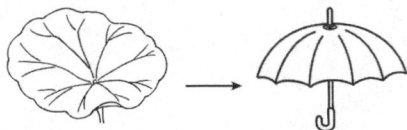

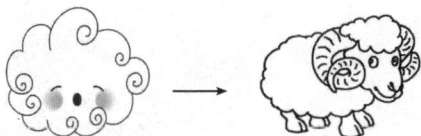

天上的白云像_____。　　　　　　_____像_____。

3. 看到下图这一幕,你觉得这位游客做得对吗? 你想对他说些什么呢?

设计意图

作业1:巩固"识字加油站"中"我会认"的字。

作业2:引导学生观察事物,理解比喻要恰当的特点。

作业3:让学生对这种不文明现象进行劝说,树立正确的道德观念。

《语文》二年级上册

《古诗二首》作业设计

南川东路第二小学 范晓燕

1. 请将你积累的有关春天的四字词语工整地写在田字格里。

2. 选择你喜欢的一首诗,把你想到的内容画下来。

3. 描写春天的诗还有许多,挑你喜欢的积累下来。

(1)春眠不觉晓,处处闻啼鸟。　　(2)好雨知时节,当春乃发生。

(3)迟日江山丽,春风花草香。　　(4)日出江花红胜火,春来江水绿如蓝。

(5)竹外桃花三两枝,春江水暖鸭先知。

设计意图

作业1:唤醒学生已有知识,分类积累。

作业2:用画图的形式让学生感悟古诗。

作业3:积累有关描写春天的诗句,感受古诗魅力。

《找春天》作业设计

七一路小学　佘　静

1. 读一读,记一记。

   叮叮咚咚　　躲躲藏藏　　遮遮掩掩

2. 请用"加一加"或"换一换"的方法,记住下面的汉字,并把汉字的序号写在相应的方法后面。

   ①羞　②遮　③掩　④符　⑤触　⑥鹊　⑦探　⑧躲

   加一加：_____

   换一换：_____

3. 根据课文填空。

   课文写了小伙伴们去(　　　　　)寻找春天,发现(　　　　　)发芽了,

   (　　　　)开了,(　　　　)也发芽了,(　　　　)解冻了……感受到了春天的美丽。

4. (1)读第一、二段,说一说你感受到了小伙伴们怎样的心情。

   _____

   _____

   _____

   (2)仿照第四至七自然段或第八自然段,说一说你找到的春天是什么样的。

   _____

   _____

   _____

5. 我会画。

   春天是绿色的,万物复苏;

   春天是粉色的,海棠绽放;

   春天是彩色的,百花齐放……

   你眼中的春天是什么颜色呢?快拿起手中的画笔画出你心中的春天吧。

34

设计意图

作业1:引导学生读准字音,初步感受叠词韵律之美。

作业2:激发学生识字的兴趣,探索识字方法,提高识字效率。

作业3:梳理课文关键信息,发现春天的美。

作业4:培养学生的阅读与表达能力。

作业5:激发学生学习的兴趣,加深对课文内容的理解。

《语文》二年级下册

《找春天》

1. 给生字找正确读音,并用直线连起来。

     zhē   nèn   xiū   yǎn   chù

     掩   嫩   遮   羞   触

2. 选部首,组成新字,并写在括号里。

    部首:身　鸟　竹　虫

    (　　　) + 朵 = (　　　　)　　　　昔 + (　　　) = (　　　　)

    (　　　) + 付 = (　　　　)　　　　角 + (　　　) = (　　　　)

3. 仿写词语。

    例:遮遮掩掩　躲躲藏藏　(　　　　　　)　(　　　　　)　(　　　　　)

4. 填空。

    我们几个孩子,(　　　　)棉袄,(　　　　)家门,(　　　　)田野,去(　　　　)春天。

    (1) 在(　　　)里填上合适的词语。

    (2) 你发现填写的这几个词语都是表示(　　　)的词语,这样的词还有(　　　　)。

    (3) 写一句话赞美春天。

设计意图

    作业1:巩固本课汉字的正确读音,关注前后鼻音、平舌音、翘舌音。

    作业2:巩固识字方法,学会区分形近字。

    作业3:了解词语结构,归类积累词语。

    作业4:熟悉课文内容,掌握课文片断中的动词,学会表达对春天的喜爱之情。

《找春天》作业设计

南山路小学　张艳艳

1. (1) 找出两个合适的字组成词语写在括号里。

野　芽　树　草　桃　枝　柳　花　嫩

（　　　）（　　　）（　　　）（　　　）（　　　）

(2) 看拼音写词语。

gū niang　　　　xún zhǎo　　　　liǔ shù

（　　　）　　　（　　　）　　　（　　　）

táo huā　　　　chūn tiān　　　　yě huā

（　　　）　　　（　　　）　　　（　　　）

(3) 照样子写一写。

例：叮叮咚咚　＿＿＿＿＿＿　＿＿＿＿＿＿

2. 在校园、田野里找找春天,再告诉春姑娘你的发现。

春天来了,

她在柳枝上荡秋千,在风筝尾巴上摇啊摇;

她在喜鹊、杜鹃嘴里叫,在桃花、杏花枝头笑;

她在＿＿＿＿＿＿＿＿＿＿＿＿＿＿＿＿＿＿＿。

3. 选做其中一项,可以和小伙伴合作完成。

(1) 读春天:爱读书的你,搜集描写春天的文章、诗歌读一读。

(2) 写春天:爱写作的你,写出自己在春天里的发现。

(3)画春天:爱画画的你,把看到的、想到的春天画下来。

(4)演春天:爱表演的你,找一首春天的歌曲唱一唱或者演一演发生在春天的故事。

设计意图

作业1:复习巩固本课的生字词,丰富学生的语言。

作业2:提高学生的观察能力和写话能力。

作业3:培养学生的观察、表达及合作实践能力。

《语文》二年级下册

《开满鲜花的小路》作业设计

逸夫小学　蒋秋静

1. 与爸爸妈妈一起分角色朗读课文,并互相打个分吧。

人物	星级
	☆☆☆☆☆
	☆☆☆☆☆
	☆☆☆☆☆

2. 仿照例句写一写。

　　例:门前开着鲜花。

　　　门前开着一大片五颜六色的鲜花。

　　这是礼物。

　　_____。

3. 你在生活中一定拥有过很多美好的经历,把这些美好的经历说给同学或父母听吧。

设计意图

　　作业1:激发学生朗读兴趣,营造亲子共学氛围。

　　作业2:结合生活实际,感受文字表达的魅力。

　　作业3:拓展延伸,培养学生的表达能力。

《语文》二年级下册

《注意说话的语气》作业设计

南川东路第二小学　曹洛君

1. 小组合作,选择其中一个情境进行表演,注意说话的语气,全班进行评议。

   (1)妈妈让我学钢琴,我想学画画。我会跟妈妈说……

   (2)上学迟到了,老师批评了我。下课后我对老师说……

   (3)看到同学洗手后忘了关水龙头,我会跟他说……

2. 说话时使用恰当的语气,能让人感到舒服。学完本课,说说你的收获。

   收获一:＿＿＿＿＿＿＿＿＿＿＿＿＿＿＿＿＿＿＿＿＿＿＿＿＿

   ＿＿＿＿＿＿＿＿＿＿＿＿＿＿＿＿＿＿＿＿＿＿＿＿＿＿＿＿＿

   收获二:＿＿＿＿＿＿＿＿＿＿＿＿＿＿＿＿＿＿＿＿＿＿＿＿＿

   ＿＿＿＿＿＿＿＿＿＿＿＿＿＿＿＿＿＿＿＿＿＿＿＿＿＿＿＿＿

   收获三:＿＿＿＿＿＿＿＿＿＿＿＿＿＿＿＿＿＿＿＿＿＿＿＿＿

   ＿＿＿＿＿＿＿＿＿＿＿＿＿＿＿＿＿＿＿＿＿＿＿＿＿＿＿＿＿

设计意图

作业1:培养学生的自主表达能力,注意说话的语气。

作业2:内化巩固习得的说话技巧。

《语文》二年级下册

《千人糕》

1. (1) 查字典,填空。

　　　"糕"用部首查字法应先查(　　　)部,再查(　　　)画。"糕"在字
　　典里的解释有:①用米粉、面粉或豆粉等蒸烤而成的块状食品;②姓。
　　"千人糕"的"糕"应选解释(　　　)。

　 (2) 按课文内容,选择正确的选项。

　　　爸爸说,千人糕是(　　　),孩子想,(　　　),结果却发现(　　　)。

　　　A. 这糕一定特别大,也许比桌子还大

　　　B. 这糕需要很多很多人才能做成

　　　C. 它就是平常吃过的米糕

2. (1) 默读课文,然后说说制作米糕都经过了哪些过程。

　 (2) 思考并说说我们每天写字的铅笔经过哪些人的劳动。

　 (3) 小组讨论生活中我们穿的衣服、用的用具、吃的食品等都经过了哪些人的劳动。

设计意图

　　作业1:加深对生字字义的理解,让学生快速了解课文内容。

　　作业2:梳理制作米糕的过程,衔接课外知识,培养学生的语言表达能力。

《语文》二年级下册

《传统节日》作业设计

七一路小学　赵瑞洁

1. 按照时间顺序为下面的节日标上序号。

（　　　　）端午节　　　（　　　　）清明节　　　（　　　　）元宵节

（　　　　）春节　　　（　　　　）重阳节　　　（　　　　）中秋节

2. 你知道下列传统节日都有哪些习俗吗？用直线把相对应的节日与习俗连接起来。

元宵节　　　端午节　　　春节　　　中秋节　　　重阳节　　　乞巧节

3. (1) 你喜欢哪个传统节日,为什么?

(2) 青海省是多民族聚集地区,每个民族都有自己的节日。结合生活实际和《高原上的彩虹部落》,说说你对这些节日有哪些了解。

设计意图

作业1:引导学生了解我国传统节日的时间。

作业2:引导学生了解我国传统节日的习俗。

作业3:训练学生的口语表达能力,培养学生对家乡、对国家的热爱之情。

《语文》二年级下册

《我是一只小虫子》作业设计

南川西路小学　陈慧卿

1. 请你正确、工整地书写汉字。

屁						尿						屎				

2. 选择下表中的一个小动物，写写它的特点。

动物名称	特点
屎壳郎	
天牛	
螳螂	

3. 阅读绘本《好饿的毛毛虫》，看看毛毛虫这几天都吃了什么，连一连吧。

星期一

星期二

星期四

设计意图

作业 1：区分"屎、屁、尿"三个形近字，培养学生良好的书写习惯。

作业 2：巩固课文内容，培养学生提取关键信息的能力。

作业 3：拓展延伸，激发学生的阅读兴趣。

《雷雨》作业设计

1. 正确、工整地书写下面的汉字。

| 雷 | | | |

| 新 | | | |

| 迎 | | | |

| 垂 | | | |

2. 选择恰当的字,填写在括号里。

　　　　垂　　挂　　掉　　压

(1) 一只蜘蛛从网上(　　　　)下来,逃走了。

(2) 满天的乌云,黑沉沉地(　　　　)下来。

(3) 一条彩虹(　　　　)在天空。

(4) 苹果从树上(　　　　)下来。

3. 按课文内容排列,试着根据提示背诵课文。

(　　)闪电越来越亮,雷声越来越响。

(　　)雷声小了,雨声也小了。

(　　)天亮起来了。

(　　)雨越下越大。树啊,房子啊,都看不清了。

(　　)一条彩虹挂在天空。

(　　)满天的乌云,黑沉沉地压下来。

4. 根据自己平时的观察,选取印象最深刻的雨(毛毛雨、阵雨、暴雨等),写下当时的情景,表现雨的特点。

<table>
<tr><td></td><td></td><td></td><td></td><td></td><td></td><td></td><td></td><td></td><td></td><td></td><td></td><td></td></tr>
<tr><td></td><td></td><td></td><td></td><td></td><td></td><td></td><td></td><td></td><td></td><td></td><td></td><td></td></tr>
<tr><td></td><td></td><td></td><td></td><td></td><td></td><td></td><td></td><td></td><td></td><td></td><td></td><td></td></tr>
<tr><td></td><td></td><td></td><td></td><td></td><td></td><td></td><td></td><td></td><td></td><td></td><td></td><td></td></tr>
<tr><td></td><td></td><td></td><td></td><td></td><td></td><td></td><td></td><td></td><td></td><td></td><td></td><td></td></tr>
<tr><td></td><td></td><td></td><td></td><td></td><td></td><td></td><td></td><td></td><td></td><td></td><td></td><td></td></tr>
</table>

设计意图

作业1:培养学生良好的书写习惯。

作业2:帮助学生进一步体会动词的用处,学会迁移运用动词。

作业3:梳理行文思路,培养学生的逻辑思维能力。

作业4:引导学生注重观察,并试着迁移运用到自己的写作中。

《语文》二年级下册

《蜘蛛开店》作业设计

谢家寨小学　铁欣霞

1. (1)用"√"标出下面加点字的正确读音。

商店(diàn　zhàn)　　蹲着(dūn　dōng)　　口罩(zhào　zhuō)

长颈鹿(jǐng　jìng)　　袜子(wà　mèi)　　匆忙(cōng　cūn)

(2)看拼音,写汉字。

xīng qī	jué dìng	zhōng yú	jiāo huàn

(3)连一连,把下面的汉字组成词语。

寂　　　编　　　交　　　蜈　　　顾

织　　　寞　　　蚣　　　换　　　客

2. 根据课文内容填空。

(1)蜘蛛想开店的原因是(　　　　)。

A. 蜘蛛觉得开店有意思

B. 蜘蛛每天的生活就是捉虫子,很寂寞,很无聊

(2)请按课文内容给蜘蛛的店名排序。

(　　)袜子编织店　　(　　)围巾编织店　　(　　)口罩编织店

(3)蜘蛛开了几次店都没有成功是因为什么呢?请你帮他找找原因。

　　卖口罩难,因为_____;卖围巾难,因为_____;卖袜子难,

因为_____。

3. 看下面的图示,你能回忆起故事的内容吗? 把它讲给爸爸妈妈听听。

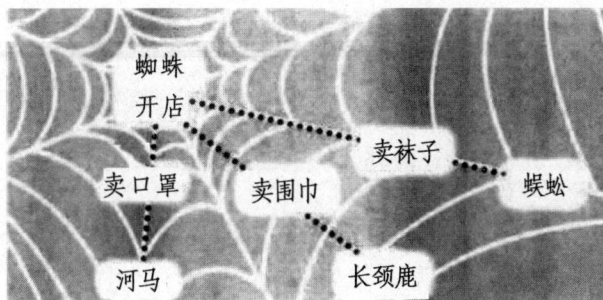

设计意图

作业1:让学生对生字词语有初步的感知,扫清阅读障碍。

作业2:引导学生对文本的主要内容进行初步感知和把握。

作业3:在学生掌握主要内容的基础上,尝试内化故事。

《语文》二年级下册

《小毛虫》作业设计

南山路小学　胡芯语

1. 正确、工整地书写下面几个汉字。

| 整 | | | |

| 编 | | | |

| 布 | | | |

| 怎 | | | |

2. 默读课文,根据下面的提示,用自己的话说说小毛虫的变化过程。

小毛虫──→茧──→蝴蝶

3. 阅读绘本《你是特别的,你是最好的》,和大人说一说你阅读后的收获吧!

设计意图

作业1:引导学生正确、工整地书写汉字,感受汉字之美。

作业2:引导学生根据提示复述故事,提高口语表达能力。

作业3:推荐阅读同主题书籍,拓展阅读面,加深阅读体验。

《语文》二年级下册

《山行》作业设计

南川东路小学　曹晓娟

1. 按照提示朗读这首诗。

　　　朗读前两句诗时,语调平稳柔和,快慢有致。朗读后两句诗时,要把诗人舒畅愉悦的心情读出来。

2. 按提示在家长的帮助下查阅相关资料。

　　(1)枫叶到秋天会由绿色变为红色的原因。(2)我了解诗人写的这座山的一些情况。

3. 请在下面的田字格中默写这首古诗。

设计意图

　　作业1:让学生熟读古诗,领会诗意。

　　作业2:培养学生自主学习的能力。

　　作业3:积累古诗的同时,培养学生规范书写的习惯。

《山行》作业设计

南川东路第二小学　梁　星

1. 古人云："诗中有画,画中有诗。"你能根据这首诗画一幅美丽的秋景图吗?

2. 《山行》中"白云生处有人家"一句,有两个常见版本,一个用"生处",一个用"深处"。你觉得哪个版本更好呢? 说说你的理由。

3. 本篇课文要求背诵,你有什么好的背诵方法吗? 给大家分享一下吧。

   我的方法:

设计意图

作业1:培养学生的形象思维能力、想象能力和创造能力。

作业2:体会用词的准确性、生动性。

作业3:引导学生注重学习方法,以便更好更快地积累古诗。

《语文》三年级上册

《铺满金色巴掌的水泥道》作业设计

水井巷小学　齐钰萍

1. 按提示查找资料,并填写在方框中。

我了解的梧桐树	梧桐叶的形状像什么

2. 仿写句子,注意用上加点的词。

　　每一片法国梧桐树的落叶,都像一个金色的小巴掌,熨帖地、平展地粘在水泥道上。

_____

3. "铺满金色巴掌的水泥道",多美的发现啊！你在上学或放学路上看到了什么样的景色,用几句话写下来吧。

　　提示:① 仔细回忆自己上学路上的风景,选定几处有特色的进行介绍;

　　　　　② 写作时要按照一定的顺序,有条理地将景物一一介绍清楚;

　　　　　③ 介绍景物时恰当地运用比喻、拟人等修辞手法,使介绍更加生动。

_____

_____

_____

设计意图

　　作业1:引导学生查找资料,培养自主学习能力。

　　作业2:帮助学生理解课文内容,练习写话。

　　作业3:引导学生注意观察,迁移运用于自己的写作中。

《秋天的雨》作业设计

南山路小学　夏　丹

1.填一填。

　　秋天的雨,有一盒五彩缤纷的(　　　　　)。你看,它把黄色给了(　　　　　),黄黄的叶子像一把把小扇子,扇哪扇哪,扇走了夏天的炎热。它把红色给了(　　　　　),红红的枫叶像一枚枚(　　　　　),飘哇飘哇,邮来了秋天的凉爽。金黄色是给田野的,看,田野像金色的(　　　　　)。

2.用加点的字仿写句子。

(1)黄黄的叶子像一把把小扇子,扇哪扇哪,扇走了夏天的炎热。

_____,_____。

(2)橘子、柿子你挤我碰,争着要人们去摘呢。

_____。

3.你在课外收集了哪些描写秋天的好词佳句,写下来和同学分享一下吧。

_____
_____
_____。

设计意图

作业1:把复习课文内容和写字有机地结合起来,让学生在具体的语言环境中加深对生字的理解和对课文内容的记忆。

作业2:加强语言文字运用练习,提升语文素养。

作业3:引导学生有意识地进行积累;培养口语交际能力。

《语文》三年级上册

《秋天的雨》作业设计

劳动路小学　周友英

1. 看拼音写词语。

qīng liáng	liú yì	yán liào	fēng yè	yóu piào

guǒ shù	jú huā	xiān zǐ	dàn huáng	qì wèi

xiāng tián	xiāng wèi	guò dōng	fēng shōu

2. (1) 摘录课文中的优美句子,有感情地读给爸爸妈妈听。

_____

_____

_____

(2) 和爸爸妈妈合作寻找合适的音乐,配乐朗读课文。

3. (1) 到户外去欣赏秋天的美景,观察秋雨还把什么颜色给了谁。仿照第二段的写法,试着写几句话。

_____

_____

_____

（2）结合课文画一幅秋景图,可在旁边写上描写秋景的好句子。

设计意图

作业1:调动学生对汉语拼音的记忆,引导学生正确书写生字。

作业2:与家人共同完成作业,增进亲子感情。

作业3:培养学生的综合能力。

《语文》三年级上册

《去年的树》作业设计

阳光小学　曹英花

1. 我会写。

| 寒 | 冷 | | | 离 | 开 | | | 原 | 野 | | |

| 剩 | 下 | | | 斧 | 子 | | | 告 | 诉 | | |

2. 阅读课文第六至十四自然段,填上合适的词语。

鸟儿(　　　　)地问树桩:"立在这儿的那棵树,到什么地方去了呀?"

鸟儿(　　　　)地问大门:"门先生,我的好朋友树在哪儿,您知道吗?"

鸟儿(　　　　)地问女孩儿:"小姑娘,请告诉我,你知道火柴在哪儿吗?"

3. 读片段,回答问题。

　　鸟儿睁大眼睛,盯着灯火看了一会儿。接着,她就唱起去年唱过的歌给灯火听。唱完歌,鸟儿又对着灯火看了一会儿,就飞走了。

(1)短文中"盯"的意思是＿＿＿＿＿＿＿＿＿＿＿＿。"盯着灯火看"时鸟儿在想:＿＿＿＿＿＿＿＿＿＿＿＿＿＿＿＿,"对着灯火看"时鸟儿又在想:＿＿＿＿＿＿＿＿＿＿＿＿＿＿＿＿＿＿＿。

(2)这两个"看",饱含了鸟儿对树的＿＿＿＿＿＿＿＿＿＿＿＿＿＿。

(3)表示"看"的词还有:＿＿＿＿＿＿＿＿＿＿＿＿＿＿＿。

设计意图

作业1:让学生用钢笔正确、规范地书写正楷字,丰富词语量,为阅读做准备。

作业2:帮助学生理解鸟儿寻找树时的内心情感。

作业3:加强语言文字运用练习,体会鸟儿的心情变化。

《在牛肚子里旅行》作业设计

北大街小学　张国玢

1. 选择恰当的词语填在括号中。

摔　蹦　喊　爬

　　青头大吃一惊,它一下子(　　　　)到牛身上,可是那头牛用尾巴轻轻一扫,青头就给(　　　　)到地上了。青头不顾身上的疼痛,一骨碌(　　　　)起来大声(　　　　):"躲过它的牙齿,牛在这时候不会仔细嚼的,它会把你和草一起吞到肚子里去……"

2. 从描写青头动作和语言的句子可以感受到青头(　　　　)的品质。

A. 只为个人安危着想　　　　B. 为了朋友不顾个人安危

3. 红头在青头的帮助下成功脱险,请在图中画出红头的旅游路线(用箭头表示)并完成填空,然后将这个故事讲给家人听。

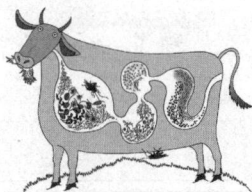

(1)红头的旅游路线:嘴——(　　　　)——(　　　　)——(　　　　)

(2)红头的心情变化:害怕——(　　　　)——(　　　　)——(　　　　)

设计意图

　　作业1:体会"蹦、摔、喊、爬"等动词的区别。

　　作业2:体会红头与青头之间的真挚友情。

　　作业3:提取关键信息,用图片与文字信息讲述故事。

《语文》三年级上册

56

《在牛肚子里旅行》作业设计

南川西路小学　梁超平

1. 写一写。

旅				

流				

算				

管				

2. (1) 给加点字选择正确的读音,并画上"√"。

① 既然你答(dā dá)应(yīng yìng)了,就应(yīng yìng)该诚实地回答(dā dá)他的问题。

② 草丛里到底有几(jī jǐ)只蟋蟀,因为太远了,我几(jī jǐ)乎看不见。

③ 可爱的小狗一骨(gū gǔ)碌爬起来,咬住我给它准备的骨(gū gǔ)头,津津有味地吃起来。

(2) 请选择恰当的词语填空。

贮藏　　蕴藏

① 海底(　　　　)着丰富的资源。

② 每年冬天来临前,妈妈都要(　　　　)些大白菜。

3. (1) 学习了本课,我知道牛一共有_____个胃,第_____个胃是管消化的。牛是反刍动物,你知道的反刍动物还有_____和_____。

(2) 红头在青头的帮助下,成功脱险。再见到朋友,它高兴得流下了眼泪,说:"谢谢你……"这个省略号代表了它此时想对青头说的千言万语。它可能还会对朋友说什么?试着写一写。

_____

_____

_____

4. 小蟋蟀红头在牛的肚子里做了一次九死一生的旅行,你能在下面的空白处画出它的旅行路线吗? 然后试着讲给爸爸妈妈听吧。

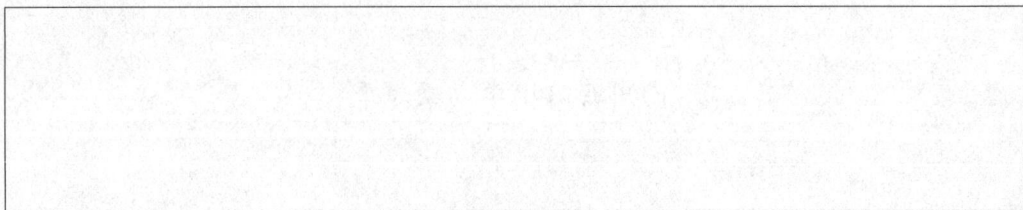

设计意图

作业1:巩固练习文中的易错字。

作业2:给学生提供具体的语言环境,帮助理解多音字具体读音的意思,区分近义词。

作业3:回顾课文,体会红头的内心情感,训练口语交际能力。

作业4:锻炼学生复述课文的能力,增进父母和孩子之间的感情。

《语文》三年级上册

《在牛肚子里旅行》作业设计

谢家寨小学　刘　艳

1. 看拼音写词语。

lǚ xíng	kě lián	jiù mìng	wèi kǒu	liú lèi

2. (1)给加点字选择正确读音(填序号)。

① dā　　② dá　　③ jǐ　　④ cèng　　⑤ gū　　⑥ jī

蹭( )着　　　　答应( )　　　　回答( )

几个( )　　　一骨碌( )　　　几乎( )

(2)选择题目(写序号)。

① 红头的旅游路线:嘴——( )——( )——( )。

A. 第一个胃　　　B. 嘴　　　　　C. 第二个胃

② 红头的心情变化:害怕——( )——( )——( )。

A. 高兴　　　　B. 紧张　　　　C. 悲哀

3. 从哪里可以看出青头和红头是"非常要好的朋友"?读一读故事,找出几处来说明。

第一处:_____

_____

第二处:_____

_____

第三处:_____

_____

4. 红头看见自己的朋友,高兴得流下了眼泪,说:"谢谢你……"。如果你是红头,

你还会说些什么?发挥你的想象,把你想说的话写在下面。

_____

_____

_____

_____

_____

设计意图

作业1:养成良好的书写习惯,复习本课词语。

作业2:根据词义辨析读音,掌握多音字不同读音的意义。

作业3:让学生感受友情的可贵。

作业4:拓展学生的想象空间,提升写作水平。

《语文》三年级上册

《胡萝卜先生的长胡子》作业设计

沈家寨小学　冯福红

读一读下面的故事,完成练习。

女巫的青蛙

　　小石头是一只青蛙的名字,他和女巫一起住在森林里。女巫不平常的生活让这只青蛙筋疲力尽了。终于有一天,他对女巫说:"我想过平静的生活,每天只是捉捉虫子。"

　　女巫答应了他的请求,并且吻了他冰冷的背,祝福他一生平安。

　　小石头和所有的青蛙一样,愿意住在人的附近。

　　当村子里亮起灯火的时候,青蛙们就开始唱歌。小石头还不会唱歌。他的沉默引来了一只大眼睛青蛙。

　　"我叫气泡眼,我不认识你,你为什么不唱歌?"气泡眼问。

　　小石头说:"我不会唱歌。"

　　"是吗? 那你会捉虫吗?"气泡眼继续问。

　　"不会。"小石头有些悲伤,因为他看见气泡眼失望地看着他。

　　"但是,我会表演打滚。"小石头说。

　　"真的吗? 那你滚一下。"气泡眼说。

　　"好的。"小石头把身体团起来,在河边滚了一圈。当他停下来的时候,看见许多青蛙站在他的周围。

　　"你好,我是青蛙大嘴。这是我的孩子,咕咕和呱呱。"青蛙大嘴指了指身边的两只小青蛙说。真是太好了,小石头有朋友了。大家一起在美丽的河边生活着。

　　这里的青蛙个个都是捉虫的能手。更有意思的是,气泡眼青蛙先生在自己家门口装着气象预报设备,他说,他想成为这一带有名的气象预报专家。咕咕和呱呱总是背着可乐罐做的大鼓,他们说,总有一天,他们要做一对流浪歌手。青蛙们就是这样幻想的。

渐渐的,小石头已经学会了捉虫子,日子过得轻松而快乐,正如他希望的那样。

可是,有一天……

(1) 你能预测到后来发生了什么吗? 写下你的故事吧!

可是,有一天,_____

_____

(2) 读一读这个故事后来的情节,看看和你预测的一样吗?

_____

_____

可是,有一天河边来了一个大脚男人。他走过泥地留下一个个又大又深的脚印,他的手里拎着一只竹篓子。

"哈哈,真是太好了。"大脚发现了青蛙。他把小石头和另外几只青蛙捉进了他的竹篓子,准备美美地吃一顿。

大脚拿着明晃晃的刀,手里捉的正是青蛙小石头。"当——"大脚的刀砍在青蛙小石头的身上。

大脚傻眼了,因为他看到的是卷曲的刀和一块坚硬的石头:"啊,我明明要杀一只青蛙,为什么我的手里会是一块石头?"

青蛙小石头也愣住了:"我明明是一只青蛙,为什么变成石头了?"

这时候,森林里的女巫正在一棵树下打盹儿。她突然醒了过来:"是谁?谁动了我的青蛙,破了我的魔法?"

原来,小石头是女巫用一块像极了青蛙的石头变的。

大脚把小石头扔向很远很远的地方,小石头骨碌碌又滚出很远。

小石头的心里是多么悲伤啊! 他第一次知道自己原来不是蝌蚪变的。

大脚没有了刀就不能杀青蛙了。他决定把剩余的青蛙卖了换钱。

他来到集市上的时候,女巫化装成一个老太婆,也赶往集市上。路上,她一眼就认出了被扔掉的小石头。女巫把石头放在手心里,说:"我已经很老很老了,老得要失去魔法了。现在我愿意用我最后一次魔法把你变回青蛙。然后你跟我回山洞,我非常需要你陪伴我。"

"请你用最后的魔法救救我的朋友吧。"小石头请求着。

"好吧。"最后女巫答应了小石头,"我的魔法可以让他们变成石头,等世界上没有了捉青蛙的人,他们会恢复青蛙的原样。"

大脚正在街市上卖青蛙。"快来买啊,活蹦乱跳的青蛙。"大脚吆喝着,很多人围着他。

他把绑住青蛙的绳子拎起来。可是,人们看见的只是一个个椭圆形的石头。

"哈哈,这个人准是穷疯了,拿石头卖钱。"人们哄笑着散了。

大脚在人们的哄笑声中抱着头跑了。

女巫把这些石头放回河边,并且祝愿他们早日恢复原样。不过,小石头永远不会变成青蛙了。

(3) 读完这个故事,我们终于知道了,原来女巫的青蛙是一块石头,其实,在故事的前半部分就有提示,你发现了吗? 找出来,看看你能找到几条线索。

线索一:_____

线索二:_____

线索三:_____

设计意图

引导学生运用预测情节的方法预测故事发展,关注文中的细节,激发学生的学习兴趣。

《语文》三年级上册

《大自然的声音》作业设计

南川西路小学　秦明金

1. 和爸爸妈妈做游戏,爸爸或妈妈根据题板出示的词语发出声音,让孩子来说说你在哪里听到过这种声音。

   呼呼　　　哗啦啦　　　汪汪　　　喵喵　　　丁零零　　　咚咚咚

2. (1) 辨形近字,并组词。

   吵(　　　)　　　激(　　　)　　　滴(　　　)

   妙(　　　)　　　邀(　　　)　　　摘(　　　)

   (2) 照样子写拟声词。

   ① 淙淙　(　　　　　　)　(　　　　　　　)

   ② 唧哩哩　(　　　　　　　　)　(　　　　　　　　)

   ③ 叽叽喳喳　(　　　　　　　　　)　(　　　　　　　　　)

3. 读一读,感受这些声音的变化。

   当微风拂过,那声音轻轻柔柔的,好像呢喃细语,让人感受到大自然的温柔;当狂风吹起,整座森林都激动起来,合奏出一首雄壮的乐曲,那声音充满力量,令人感受到大自然的威力。

   当小雨滴汇聚起来,他们便一起唱着歌:小溪淙淙,流向河流;河流潺潺,流向大海;大海哗哗哗,汹涌澎湃。从一首轻快的山中小曲,唱到波澜壮阔的海洋大合唱。

   说一说读完后你有什么样的感受。

   _____

   _____

4. 我是小作家。

　　大自然的声音太美妙了,当你走进大自然,用心去感受那些美妙的声音,相信你一定会有新的发现。

　　如:鸟儿是大自然的歌手,＿＿＿＿＿＿＿＿＿＿＿＿＿＿＿＿＿＿＿＿＿＿＿＿

　　　厨房是一个音乐厅,＿＿＿＿＿＿＿＿＿＿＿＿＿＿＿＿＿＿＿＿＿＿＿＿＿＿

设计意图

　　作业1:引导学生感受大自然不同的声音,促进孩子和父母之间的亲情交流。

　　作业2:学习生字,掌握形近字;积累一些常用拟声词。

　　作业3:阅读优美的语段,然后尝试表达自己的感受。

　　作业4:培养学生的观察力、想象力和表达力。

《语文》三年级上册

《带刺的朋友》作业设计

北大街小学 吴 敏

1. 为汉字找到正确的读音,并用直线连起来。

zǎo	chán	huǎn	yà	cè	jiān	huǎng

监   缓   馋   枣   测   恍   讶

2. 喜欢《带刺的朋友》这个题目吗? 为什么? 请写出自己的观点。

3. 我会说。

(1)说说你对刺猬的了解。

_____

_____

_____

_____

(2)你见过哪些有趣的小动物,说一说你和它们之间的故事。

_____

_____

_____

_____

设计意图

作业 1:巩固生字,注重认字、识字的趣味性。

作业 2:引导学生把握文章主旨,表达自己对文本的理解与感悟。

作业 3:引导学生查找资料、联系生活,培养学生的语言表达能力。

《语文》三年级上册

《古诗三首》作业设计

西关街小学　刘玉清

1.（1）看拼音写词语。

huì chóng　　　　lú yá　　　　xiǎo xī

méi zi　　　　jiǎn shǎo

（2）给下列汉字组词并按提示填写在横线上。

桃（　　　）　　梅（　　　）　　橙（　　　）

逃（　　　）　　海（　　　）　　户（　　　）

其中跟树木有关的字是＿＿＿＿＿＿＿＿＿＿＿＿＿＿＿＿＿＿,这样的字我还
能写出几个＿＿＿＿＿＿＿＿＿＿＿。

2.阅读古诗,完成练习。

惠崇春江晚景　其一

竹外桃花三两枝,

春江水暖鸭先知。

蒌蒿满地芦芽短,

正是河豚欲上时。

（1）这首诗的作者是＿＿＿＿＿＿＿＿＿＿＿,诗歌写的是＿＿＿＿＿＿季的景色。

画面景物有动有静,静的景物有＿＿＿＿＿＿＿＿,动的景物有＿＿＿＿＿＿＿＿＿,诗
人从这些景物中感受到＿＿＿＿＿＿＿到来了。

（2）这首诗中写诗人想象的是第＿＿＿＿＿＿句。

（3）从诗中我们可以感受到诗人＿＿＿＿＿＿＿＿＿的心情。

68

3.读古诗,将诗中描写的春景画下来。

绝句

(唐)杜甫

迟日江山丽,

春风花草香。

泥融飞燕子,

沙暖睡鸳鸯。

设计意图

作业1:巩固基础知识。

作业2:引导学生想象画面,理解古诗。

作业3:联系生活实际,培养学生的创造性思维。

《语文》三年级下册

《燕子》作业设计

劳动路小学　周友英

1.(1)给下列加点字注音。

伶俐(　　) 厌倦(　　) 翼尖(　　) 荡漾(　　)

纤细(　　) 木杆(　　) 闲散(　　) 几痕(　　)

(2)在括号里填写合适的四字词语,并把它们积累下来。

(　　)的春天　　(　　)的湖面　　(　　)的图画

(　　)的天空　　(　　)的燕子　　(　　)的鲜花

(3)按课文内容填空。

二三月的春日里,(　　)微微地(　　)着,(　　)的细雨由天上(　　)着,千条万条的(　　),红的白的黄的(　　),青的(　　),绿的(　　),都像赶集似的(　　)来,形成了(　　)的春天。

2.(1)根据课文内容,以"燕子的自述"为题,说一说燕子的特点。

(2)选择你喜欢的一种鸟,抓住它的外形特征及其他特点,介绍给大家。

设计意图

作业1:检测学生对生词的掌握情况;引导学生在阅读中积累词语。

作业2:让学生观察生活,培养语言表达能力。

《语文》三年级下册

《昆虫备忘录》作业设计

北大街小学　柴雨孜

1. 请写出蟋蟀各部位的名称。

（　　） （　　）（　　　）

（　　）　（　　）

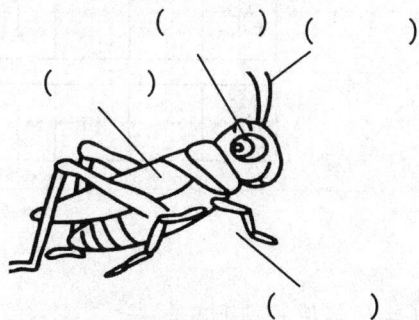

（　　　） （　　　）

2. 请为下列昆虫制作名片。

设计意图

作业1：巩固生字，结合生活实际以加深对生字的理解。

作业2：让学生通过观察和查阅资料等方法，加深对昆虫的了解。

《语文》三年级下册

《鹿角和鹿腿》作业设计

城中区教学研究室　林云竹

1. 请你工整地书写下面的汉字。

鹿			

配			

狮			

赏			

星级评价

书写姿势:☆☆☆☆☆

正　　确:☆☆☆☆☆　(字的部件书写正确)

规　　范:☆☆☆☆☆　(笔画书写标准,占位讲究,结构紧密,字体匀称)

整　　洁:☆☆☆☆☆　(不出格,无倾斜,书写无涂改,无反复描写,无钢笔水印)

2. 大声读句子,体会句意,完成填空。

　　他不着急离开了,对着池水欣赏自己的美丽:"啊!我的身段多么匀称,我的角多么精美别致,好像两束美丽的珊瑚!"

　　鹿忽然看到自己的腿,不禁撅起了嘴,皱起了眉头:"唉,这四条腿太细了,怎么配得上这两只美丽的角呢?"

(1)"啊"表现出鹿＿＿＿＿＿＿＿＿＿＿＿＿＿＿的语气,因为他感觉到自己的身段＿＿＿＿＿＿＿＿＿＿,自己的角＿＿＿＿＿＿＿＿＿。

(2)"唉"表现出鹿＿＿＿＿＿＿＿＿＿＿＿＿的语气,因为他觉得自己的腿太＿＿＿＿＿＿＿＿了。

(3) 把自己想象成这只鹿,读一读两处画线的句子。按表格提示做评价。

正确:☆☆☆☆☆　(不丢字,不加字,每个字读音正确)

流利:☆☆☆☆☆　(语速适当,注意停顿)

语气:☆☆☆☆☆　(读好感叹、疑问,读出理解与感情)

仪态:☆☆☆☆☆　(仪态自然,有适当的肢体动作)

3. 根据下面的提示,用自己的话讲讲这个故事。按表格提示做评价。

角: 美丽　　欣赏　　差点送命

腿: 难看　　抱怨　　狮口逃生

> 把故事讲给了＿＿＿＿＿＿＿＿听。(称呼或名字)
>
> 内容完整:☆☆☆☆☆
>
> 注重细节:☆☆☆☆☆
>
> 绘声绘色:☆☆☆☆☆
>
> 加入想象:☆☆☆☆☆
>
> 十五颗星星以上就是故事小达人,可以在班级里展示哦!

设计意图

作业1:引导学生练习本课生字并养成良好的书写习惯。

作业2:明确朗读要点,分项评价,提升朗读技能。

作业3:关注单元语文要素、分级要求,讲好故事。

《语文》三年级下册

《春游去哪儿玩》作业设计

大同街小学　曹雪亚

1. 看教材中的两幅图,说一说这两处春游地点各有什么特点,宜于开展什么活动?

交流要求

(1)表达。能清晰地说出春游去哪儿的意见,并陈述自己的理由。

(2)倾听。别人发言时,能耐心地听别人把话讲完,不随意打断。

2. (1)按要求,写下自己春游的想法。

① 春游地点:＿＿＿＿＿＿＿＿＿＿＿＿＿＿＿＿＿＿＿＿＿＿＿＿

② 主要特点:＿＿＿＿＿＿＿＿＿＿＿＿＿＿＿＿＿＿＿＿＿＿＿＿

③ 开展活动:＿＿＿＿＿＿＿＿＿＿＿＿＿＿＿＿＿＿＿＿＿＿＿＿

(2)春游是一项集体活动,最终地点的确定要综合大家的意见。如果各执己见,活动就没法开展了。请记下你们的小组讨论和集体决定。

小组讨论:＿＿＿＿＿＿＿＿＿＿＿＿＿＿＿＿＿＿＿＿＿＿＿＿

＿＿＿＿＿＿＿＿＿＿＿＿＿＿＿＿＿＿＿＿＿＿＿＿＿＿＿＿＿＿

集体决定:＿＿＿＿＿＿＿＿＿＿＿＿＿＿＿＿＿＿＿＿＿＿＿＿

＿＿＿＿＿＿＿＿＿＿＿＿＿＿＿＿＿＿＿＿＿＿＿＿＿＿＿＿＿＿

设计意图

作业1:引导学生交流,不仅培养学生表达自己的感受和想法的能力,也培养学生认真倾听的良好习惯。

作业2:逐步培养学生的人际交往能力,让学生获得更深层次的情感体验。

《语文》三年级下册

《守株待兔》作业设计

西关街小学　吴瑞芳

1. 正确、工整地书写下面的汉字。

| 耕 | | | |

| 释 | | | |

| 其 | | | |

2. (1)用"/"为下面的话断句。

因释其末而守株冀复得兔

(2)读一读下面的成语,并说说相关的故事。

愚公移山　　画蛇添足　　掩耳盗铃　　夜郎自大

亡羊补牢　　买椟还珠　　伯乐相马　　班门弄斧

3. 阅读理解。

(1)阅读课内短文,完成练习。

宋人有耕者。田中有株。兔走触株,折颈而死。因释其末而守株,冀复得兔。兔不可复得,而身为宋国笑。

① 联系短文理解下面字的意思。

株:＿＿＿＿＿＿＿　　　　走:＿＿＿＿＿＿＿　　　　因:＿＿＿＿＿＿＿

② "释"在字典里的解释为:a. 解说,说明;b. 消除,消散;c. 放开,放下。请为下列加点字选择恰当的释义,并将序号填在括号里。

A. 释其末而守株(　　　　)

B. 手不释卷(　　　　)

C. 冰释前嫌(　　　　)

(2)阅读课外短文,完成练习。

郑人买履

郑①人有欲买履②者,先自度③其足而置之其坐,至之市而忘操④之。已得履,乃曰:"吾忘持度。"反归取之。及反,市罢,遂不得履。人曰:"何不试之以足?"曰:"宁信度⑤,无自信也。"

注释

① 郑:春秋时代一个小国的名称,在现今河南省的新郑县。

② 履:鞋。

③ 度(duó):测量。

④ 操:携带。

⑤ 度(dù):量好的尺码。

结合注释,读一读这个小故事。对郑人的做法,你有什么想法?

_____

_____

设计意图

作业1:引导学生规范书写汉字,养成良好的书写习惯。

作业2:注意朗读中的断句,培养语感;引导学生积累成语,激发阅读兴趣。

作业3:引导学生感受文言文的特点,初步关注古今词义的不同。

《语文》三年级下册

《纸的发明》作业设计

南川西路小学　梁超平

1. 正确、工整地书写下面的汉字。

洲				

存				

册				

录				

2. 给加点字正确的读音画上"√"。

(1) 我们的学习就像滚雪球,日积月累(léi　lěi　lèi),才能学有所获。

(2) 由于过度劳累(léi　lěi　lèi),他的病情加剧了。

(3) 秋天到了,果园里果实累累(léi　lěi　lèi),惹人喜爱。

(4) 多年后,她对我讲了自己鲜(xiān　xiǎn)为人知的经历。

(5) 一场春雨过后,大地上涌出了鲜(xiān　xiǎn)嫩的小草。

3. 按要求完成下面的练习。

(1) 中国古代的四大发明分别是_____、_____、_____和_____。

(2) 造纸术是中国对世界文明的伟大贡献之一。学了课文后,请按图示梳理纸的发明过程。

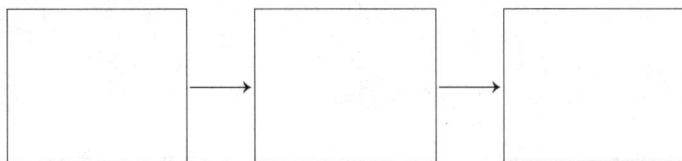

	→		→	

(3) 没有纸的时候,人们记录事件有哪些不便呢?请你简单说说吧。

_____

_____

(4) 为什么只有蔡伦改进的造纸术传承下来了?这种方法造的纸有哪些优点?

(5) 小朋友,请你和爸爸妈妈合作尝试造一张纸吧。

材料准备:废旧纸张、水、胶水、橡胶手套、塑料板、纱网、木棒。

制作方法:

① 将废旧纸张泡湿后撕碎,越小越好,然后再放在适量的水中浸泡;

② 戴上橡胶手套将泡好的纸抓碎,加入胶水并用木棒搅拌均匀;

③ 把做好的纸浆放在纱网上脱水,然后均匀平摊在塑料板上压平晾干;

(6) 我是环保小卫士。

你知道吗?我国每年用纸量超过 1 亿吨,全国年造纸消耗木材 1000 万立方米,进口木浆 130 多万吨,进口纸浆 400 多万吨,而且这些数字还在不断上涨。节约用纸,就等于保护森林资源。办公室、家庭中都存在着浪费纸张的现象,你有哪些节约纸张的好建议吗?

设计意图

作业 1:练习巩固易错字和难写字。

作业 2:提供具体的语言环境,引导学生辨析多音字。

作业 3:梳理课文内容,提取关键信息;家长和孩子共同动手,让学生体验纸的来之不易,培养环保意识。

《语文》三年级下册

《纸的发明》作业设计

华罗庚实验学校　李来净

1. 把下列汉字写在田字格内。

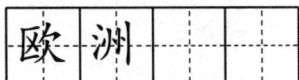

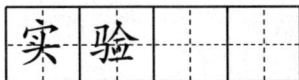

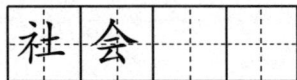

欧	洲			

实	验			

社	会			

2. 阅读短文,填上合适的词语。

随着时代发展,人们可以在(　　　　)上写字了,但是它的价钱太贵,人们就用麻造纸。东汉时代,(　　　　)改进了造纸术,发明了一种既(　　　　)又好用的纸。造纸术的发明,是中国对世界文明的伟大(　　　　)之一。

3. 我会做。

中国的四大发明,对世界文明产生了极为深刻的影响。四大发明是指造纸术、指南针、火药及印刷术。四大发明的说法,最早由英国汉学家李约瑟提出并为许多中外历史学家认同。历史学家普遍认为这四种发明对古代的政治、经济、文化的发展产生了巨大的推动作用,极大地促进了人类社会的进步。

(1) 通过短文,你知道了中国的四大发明是＿＿＿、＿＿＿、＿＿＿、＿＿＿。

(2) 你所看到的文字,是围绕什么来写的,你能写下来吗?

＿＿＿＿＿＿＿＿＿＿＿＿＿＿＿＿＿＿＿＿＿＿＿＿＿＿＿＿＿＿＿＿

设计意图

作业1:用钢笔正确、规范书写生字,培养学生规范书写。

作业2:体会知识的关联与运用,把握文章大意,提取有效信息。

作业3:拓展知识面,培养学生的文本概括能力。

《一幅名扬中外的画》作业设计

1. 把加点字的正确读音写到括号里。

　　　　　　　　　zuō　　　　zuò　　　　　　chéng　　　　shèng

（1）那个造纸作（　　　　）坊现在已经没有什么作（　　　　）用了。

（2）我乘（　　　　）车出门,迎面来了一乘（　　　　）喜轿。

　　　　　　　　　lǒng　　　　lóng　　　　　dōu　　　　dū

（3）当黑暗笼（　　　　）罩大地时,鸡鸭全都进笼（　　　　）了。

（4）去年十一长假,我和同桌都（　　　　）去了首都（　　　　）北京旅游。

2. 把你了解的《清明上河图》的相关知识填在表格中,然后向别人介绍这幅珍宝。

作　者	
创作时间	
收藏地点	
画面内容	
艺术与历史价值	
名扬中外的原因	

设计意图

　　作业1:创设语境,强化学生识记多音字的读音。

　　作业2:帮助学生掌握课文的主要内容;培养学生的语言表达能力。

《花钟》作业设计

1. 依据课文内容填空。

　　　　　　点,牵牛花吹起了_____;

　　　　　　点,蔷薇绽开了_____;

　　　　　　点,睡莲从梦中_____;

　　　　　　点,万寿菊_____;

　　　　　　点,烟草花在暮色中_____;

　　　　　　点,月光花在七点左右_____。

2. 仿照课文内容,用不同说法表达"小草发芽了"。

　　春天到了,小草发芽了。

　　春天到了,小草_____。

　　春天到了,小草_____。

设计意图

作业1:引导学生梳理课文内容,培养提取关键信息的能力。

作业2:引导学生读写结合,学以致用。

《语文》三年级下册

《肥皂泡》作业设计

南川西路小学　李清崇

1. 将下列汉字写入田字格中。

| 婴 | | | | | |

| 廊 | | | | | |

| 越 | | | | | |

| 透 | | | | | |

2. 读句子,体会丰富的想象。

(1)借着扇子的轻风,把她们一个个送上天去送过海去。

(2)到天上,轻轻地挨着明月,渡过天河跟着夕阳西去。

(3)或者轻悠悠地飘过大海,飞越山巅,又低低地落下,落到一个熟睡中的婴儿的头发上……

3. 课文中吹泡泡的过程你了解了吗? 借助提示试着用自己的话说一说。

提示:吹——提——扇

4. 展开想象,写一写。这些美丽的肥皂泡还会去哪儿?

设计意图

作业1:规范书写易错字和难写字。

作业2:引导学生在读中体会作者丰富的想象力和语言表达的乐趣。

作业3:提高学生从文中提取信息、处理信息的能力。

作业4:培养学生的语言组织、表达能力。

《语文》三年级下册

数学

《6～10的认识和加减法》作业设计

南川西路小学　杨亚望

1. 在括号里填上" > "" < "或" = "。

$4 + 3$ (　　) 8 　　　$9 + 0$ (　　) $9 - 0$ 　　　$2 + 5$ (　　) $4 + 5$

$9 - 6$ (　　) $8 - 6$ 　　　$6 + 4$ (　　) 9 　　　$15 - 9$ (　　) 6

2. (1) 算式中的小动物代表几?

🐓 + 🦆 = 14，🦆 + 7 = 13。

🐓 代表(　　　)，🦆 代表(　　　)。

(2) 括号里应该填几。

$4 + ($　　$) = 11$ 　　　$5 + ($　　$) = 14$ 　　　$($　　$) + 8 = 11$

设计意图

作业1:巩固基础知识,培养学生主动探索的能力,拓展学生的思维。

作业2:引导学生体验数学活动的乐趣,从不同角度解决问题。

《数学》一年级上册(人教版)

《9加几》作业设计

西关街小学　马泽芳

1.摆一摆,算一算。

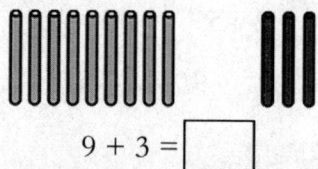 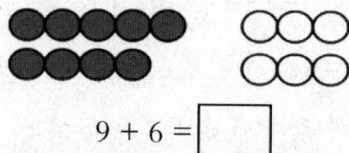

9 + 3 = ☐　　　　9 + 6 = ☐

2.连一连。

| 9 + 8 | 9 + 5 | 9 + 3 |

⑭　　　⑫　　　⑰

3.填一填。

(1)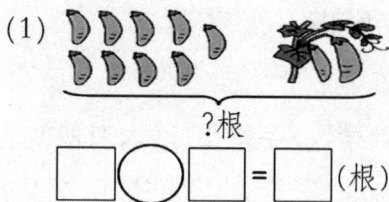

?根

☐ ◯ ☐ = ☐（根）

(2)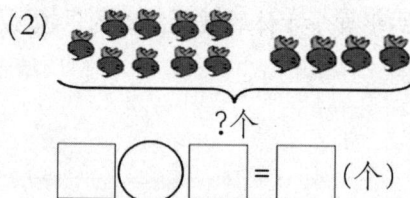

?个

☐ ◯ ☐ = ☐（个）

设计意图

作业1:调动学生学习的积极性、主动性,培养学生灵活解题的能力。

作业2:让学生通过观察理解题意,拓展思维能力。

作业3:培养学生理解题意的能力,为学习应用题打下基础。

《数学》一年级上册(人教版)

《认识图形(二)》作业设计

谢家寨小学　韩加德

1.填一填。

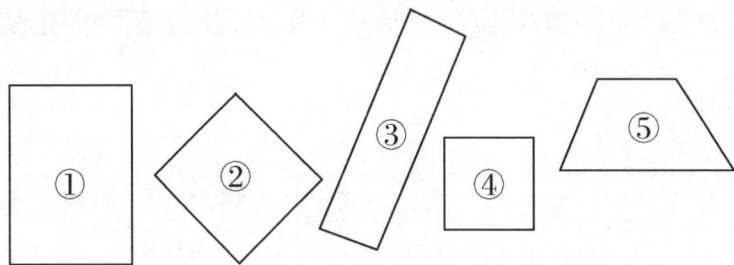

　□有(　　)个,

　□有(　　)个。

2.请你把这幅图按要求装扮成美丽的家园。

△涂绿色　　○涂黄色　　□涂红色　　□涂蓝色

3.用一套七巧板拼出你喜欢的图形。

设计意图

作业1:引导学生在快乐中求知。

作业2:引导学生在绘画中求知。

作业3:引导学生在实践中求知。

《数学》一年级下册(人教版)

《认识图形(二)》作业设计

大同街小学　石英玉

1. 和爸爸妈妈一起找一找,看看生活中有哪些物体的面是我们学过的平面图形。

2. 用长方形、正方形、三角形和圆在方格纸上设计一个图案,并给不同的图形涂上不同的颜色。

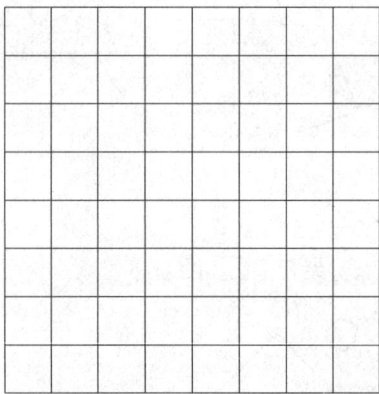

3. 用不同颜色的纸分别剪出长方形、正方形、三角形和圆,然后在 A4 的卡纸上贴出一幅漂亮的"我的图形生活"。

设计意图

作业1:体会立体图形与平面图形的联系,感受数学与生活的密切联系。

作业2:培养学生的动手能力和初步的空间观念。

作业3:从不同角度让学生体会图形的"趣"和"美"。

《数学》一年级下册(人教版)

《认识图形(二)》作业设计

玉井巷小学   高 雅

1.填一填。

(1)长方形有(   )条边,正方形有(   )条边,三角形有(   )条边。

(2)用(   )根小棒可以摆出一个长方形。

(3)用(   )根小棒可以摆出一个三角形。

(4)硬币是(   )形的。

2.涂一涂。

(1)给三角形涂上颜色。

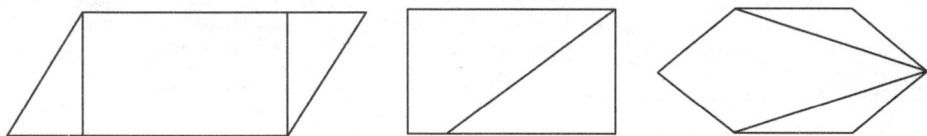

(2)给圆涂上颜色。

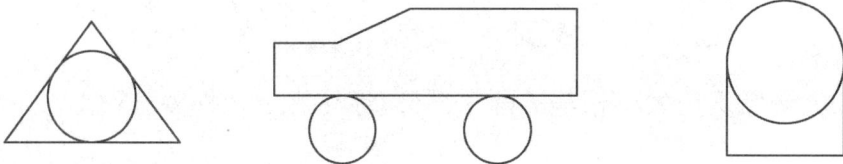

3.根据已经学过的平面图形设计自己喜欢的图案。

设计意图

作业1:初步认识平面图形的组成。

作业2:突破难点"面在体上",充分调动学生学习的积极性和探索欲。

作业3:培养学生的发散思维,体会生活中处处有数学。

《数学》一年级下册(人教版)

《认识图形(二)》作业设计

前营街小学　李雅雯

1. 选一选。(把序号填在横线上)

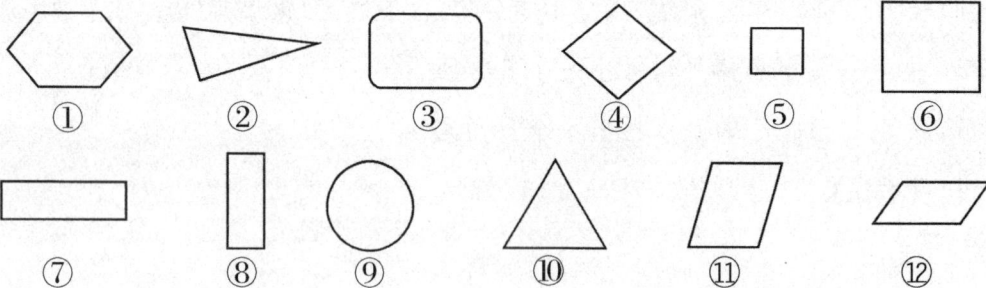

_____是长方形，_____是正方形，_____是圆，
_____是三角形，_____是平行四边形。

2. 数一数。

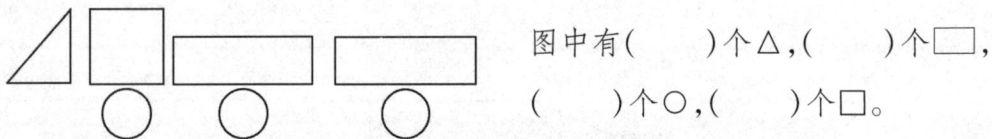

图中有(　　)个△,(　　)个▭,
(　　)个○,(　　)个□。

3. 把一张长方形纸剪成大小相等的两个图形,你能想出几种剪法?

设计意图

作业1:考查学生对图形的理解。

作业2:巩固对平面图形的认识,同时学习分类和整理知识。

作业3:加深学生对长方形特征的认识,同时引入轴对称的知识。

《数学》一年级下册(人教版)

《认识图形（二）》作业设计

华罗庚实验学校西宁分校　王焕贵

1. 涂一涂。

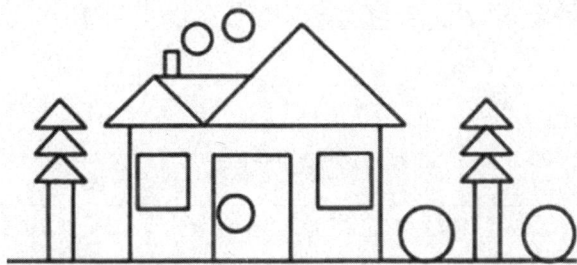

△涂绿色　　○涂黄色　　▭涂红色　　□涂蓝色

2. 下面的图形折出来是什么样子呢？用线连起来吧。

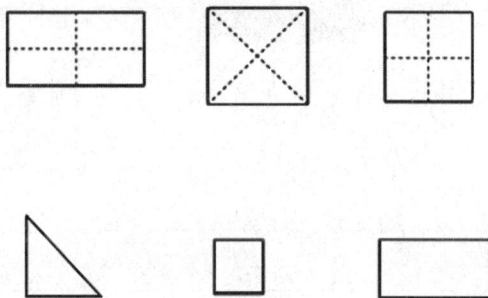

3. 用七巧板拼一个你喜欢的图形。

设计意图

作业1：调动学生感官投入，激发学生的学习兴趣。

作业2：促进学生深入思考数学问题，培养学生的思考、想象能力。

作业3：培养学生观察实物的意识和能力。

《数学》一年级下册（人教版）

《认识人民币》作业设计

红星小学 许晓捷

1. 填一填。

(1) 收集不同面值的人民币,仔细观察,说说人民币上都有哪些内容?

_____

(2) 你认识哪些面值的人民币?

_____

2. 换一换。

(1) 1 元可以换( )张  。

(2) 1 元可以换( )张  。

(3) 1 元可以换( )张 ( )角和( )张( )角。

我还可以这样换:_____

_____

_____

_____

设计意图

作业 1:了解学生的生活经验,培养学生的观察能力。

作业 2:引导学生进入情境,在活动中激发学习兴趣。

《数学》一年级下册(人教版)

《认识人民币》作业设计

七一路小学　党亚丽

1. 在横线上填写找回的钱数。

要买的物品	付出的钱	找回的钱
6元7角	10元	＿＿元＿＿角
26元5角	50元	＿＿元＿＿角
7元8角	8元	＿＿角
12元7角5分	15元	＿＿元＿＿角＿＿分

2. 去超市为家里采购一次日用品,保存好小票,并观察小票上的数学问题,和爸爸妈妈一起算一算。

设计意图

作业1:让学生在活动中初步认识商品的价格,了解元、角、分之间的关系。

作业2:通过实践活动,熟悉元、角、分之间的进率,加深学科内容的认知。

《数学》一年级下册(人教版)

《100以内的加法和减法》作业设计

逸夫小学　解邦清

1. 算一算。

$20+40=$　　　　$37+8=$　　　　$87-9=$　　　　$60-8=$

$56+6=$　　　　$75-30=$　　　　$67+6=$　　　　$24+40=$

$56+9=$　　　　$98-70=$　　　　$48+9=$　　　　$87-60=$

2. (1)

我们班有45人。

我们班有42人。

给他们两个班每人发一个，够不够？

90个

$\boxed{}\ \bigcirc\ \boxed{}\ =\ \boxed{}$

(2)

我付50元。

找我15元。

一个书包多少元？

$\boxed{}\ \bigcirc\ \boxed{}\ =\ \boxed{}$

(3)

12元　　　　　　　　50元　　　　　　　　34元

① 买一辆玩具小汽车和一架玩具飞机,一共要花多少钱?

□ ○ □ = □

② 有70元钱,买一个布娃娃后,应找回多少钱?

□ ○ □ = □

(4)想一想。

还剩6人没测视力。

我班45人。

测了多少人?

□ ○ □ = □

设计意图

作业1:加强口算训练,巩固基础。

作业2:将计算教学与解决实际问题相结合,鼓励学生运用所学知识解决简单的问题。

《数学》一年级下册(人教版)

95

《认识长度单位》作业设计

七一路小学　王登峰

1. 查一查。

(1)"米"是怎么来的?

(2)我国市制长度单位有哪些?了解它们之间的进率。

(3)查阅有关"纳米""光年"的知识。

2. 测量一棵大树树干一圈的长度,把你的方法写下来。

工具:＿＿＿＿＿＿＿＿＿＿＿＿＿＿＿＿＿＿＿＿＿＿＿＿

方法:＿＿＿＿＿＿＿＿＿＿＿＿＿＿＿＿＿＿＿＿＿＿＿＿

＿＿＿＿＿＿＿＿＿＿＿＿＿＿＿＿＿＿＿＿＿＿＿＿＿＿＿＿

＿＿＿＿＿＿＿＿＿＿＿＿＿＿＿＿＿＿＿＿＿＿＿＿＿＿＿＿

＿＿＿＿＿＿＿＿＿＿＿＿＿＿＿＿＿＿＿＿＿＿＿＿＿＿＿＿

＿＿＿＿＿＿＿＿＿＿＿＿＿＿＿＿＿＿＿＿＿＿＿＿＿＿＿＿

设计意图

作业1:了解长度单位的发展历史,渗透数学文化。

作业2:在测量活动中积累活动经验,为以后的学习发展打基础。

《数学》二年级上册(人教版)

《认识长度单位》作业设计

阳光小学　马　红

1. 想一想。

　　今天早晨,我从 2 厘米长的床上爬起来,来到卫生间,拿起 15 米长的牙刷刷牙。急急忙忙地洗脸、吃早饭。学校离我家约有 50 厘米。上学路上,我看见一棵 2 厘米高的树被风刮断了,连忙找来一根 3 厘米长的绳子把小树绑好。我跑步赶到学校时,身高 160 米的马老师已经在讲课了,我赶紧坐下,从书包里拿出课本,认真听课。

　　以上是小明同学的一篇日记。老师看完后,在日记下写了"可能吗?"几个字。你知道这是为什么吗? 请根据生活实际及所学知识加以改正。

(1) ☐ ⟶ ☐　　　　(2) ☐ ⟶ ☐

(3) ☐ ⟶ ☐　　　　(4) ☐ ⟶ ☐

(5) ☐ ⟶ ☐　　　　(6) ☐ ⟶ ☐

2. 量一量身边三种事物的长度,并记录下来。

设计意图

　　作业 1:将实物与长度单位相结合,加强学生对长度单位的认识。

　　作业 2:动手实践,让学生体会数学在生活中的应用。

《数学》二年级上册(人教版)

《100 以内的加法和减法》作业设计

逯家寨学校　黄桂芳

1. 竖式计算。

　　$42 + 6 =$　　　　　　$20 + 73 =$　　　　　　$18 + 46 =$　　　　　　$35 + 6 =$

2. （1）$35 + 17 = 25 + ($　　　　$)$

　　　　$($　　　　$) + 40 = 36 + 45($　　　　$)$

　　　　$13 + ($　　　　$) = 23 + 26$

　（2）

$$
\begin{array}{r}
3\ \square \\
+\ 4\ 5 \\
\hline
7\ \square
\end{array}
\qquad
\begin{array}{r}
2\ \square \\
+\ 4\ 5 \\
\hline
7\ \square
\end{array}
\qquad
\begin{array}{r}
\square\ \square \\
+\ 5\ \square \\
\hline
8\ 4
\end{array}
\qquad
\begin{array}{r}
\square\ \square \\
+\ \square\ \square \\
\hline
1\ 0\ 0
\end{array}
$$

3. （1）妈妈今年 38 岁，芳芳今年 11 岁。10 年后妈妈比芳芳大几岁？

　（2）用 2、5、7 中的数字组成最大的两位数是（　　　　），组成最小的两位数

　　　是（　　　　），它们相差（　　　　），它们的和是（　　　　）。

设计意图

　　作业 1：让学生体验"不进位加法"到"进位加法"的计算过程，理解算理和算法的内在
　　　　联系。

　　作业 2：了解加法各部分之间的关系，加强算法的多元化，培养学生的发散思维。

　　作业 3：理解被减数和减数同时加相同的数，差不变；在数字排列组合中体会有序排列的
　　　　优势，做到不遗漏、不重复。

《数学》二年级上册（人教版）

《量一量 比一比》作业设计

阳光小学 王 娟

1. 人的身上有很多尺子,这些尺子能帮我们大忙呢。现在,用直尺量一量自己每一把"尺子"的长度,并记住它。

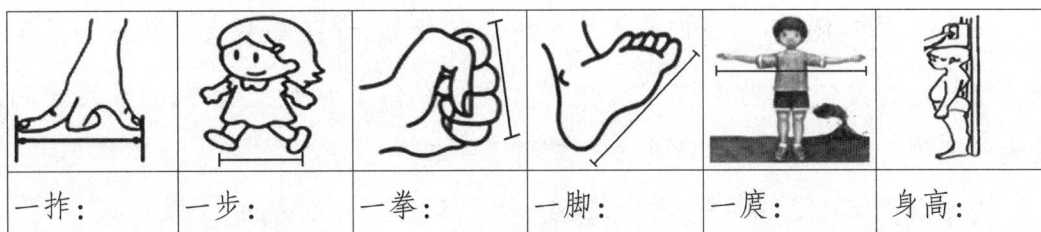

一拃:	一步:	一拳:	一脚:	一庹:	身高:

2. 用你喜欢的方法(如身体尺、测量工具等)测一测自己家里物品的长度,并把测量的结果记录下来。

    我用的测量工具是(   ),测量了家里的(   ),它的长度是(   )。

3. 请你和爸爸妈妈一起查查资料,了解各个国家的计量单位的相关知识。用自己的方式记录下这次的收获吧。

设计意图

作业1:熟悉直尺测量的方法,体会合作学习的乐趣。

作业2:利用学过的测量工具来测量,复习测量的方法。

作业3:了解各个国家的计量单位,渗透不同的数学文化。

《数学》二年级上册(人教版)

《认识时间》作业设计

南川西路小学　张　芳

想一想。

我是小侦探

一天,森林里发生了一起损毁树木案件,好多珍贵的大树都被破坏了,枝叶掉了一地。下午5:10,当动物们都在议论纷纷的时候,猴子探长来了。他查看了一下这些大树的伤口,对助手说:"这些树大约是在两小时前被砍的,查查这个时间段大伙儿的行踪。"很快,大伙儿被召集到了一起。

大象说:"下午2:30,我在河里洗澡,洗了1个多小时吧。"

狐狸说:"我从下午2:15开始看电影,看完一部电影就到3:55了,根本没出门啊!"

黑熊说:"今天上午我去狗熊岭做客了,刚回来。"

这时,猴子探长发现公告栏里有一则公告:"下午2:30开始停电检修,3小时后恢复供电。"探长立马对助手说:"不用再问了,我知道是谁干的了。"

(1)请你在下面的钟表上依次画出上述故事中出现的时间。

(2)你知道是谁干的了吗?说说你的想法。

设计意图

创设故事情境,有效激发学生学习数学的兴趣。

《数学》二年级上册(人教版)

100

《认识时间》作业设计

阳光小学　张宜波

1. 为了能准确记录时间,为人们的生产生活服务,勤劳能干的中国人在古代就发明了各种各样的记录时间的工具,如日晷、漏刻、水运仪象台等。

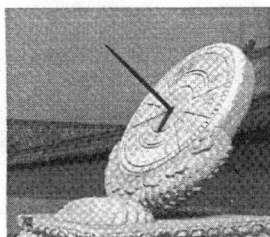  

日晷　　　　　　　漏刻　　　　　　水运仪象台

　　在这些工具中,日晷使用的时间最长。它只有一根针,通过中间那根针在晷面上的投影来确定时间。日晷记录时间使用"时辰"为单位,一个时辰相当于现在的两个小时。

2. 写出下面钟表记录的时间。

(　　　　) 　　(　　　　) 　　(　　　　)

设计意图

　　作业1:了解用日晷记录的时间单位为"时辰",拓宽学生的知识面。

　　作业2:认识钟面上的时间,巩固课堂知识。

《数学》二年级上册(人教版)

《平移和旋转》作业设计

观门街小学 张金凤

1. 用彩色卡纸剪图形,如长方形、正方形、平行四边形、梯形、三角形、圆形等,然后将其进行设计、拼粘、绘制,形成一幅完整的情境图画。

2. 利用三角尺或直尺先在方格纸上画出一个或几个图形,再运用对称、平移或旋转的方法,设计出美丽的图案。

设计意图

作业1:鼓励学生富有个性地完成情境图画,增强对图形变换的兴趣。

作业2:利用图形的平移、旋转或对称,设计美丽的图形,感受数学的美。

《数学》二年级下册(人教版)

《平移和旋转》作业设计

西关街小学　田生菊

1.（1）右边的 4 幅图片,(　　　　)可以通过平移与左边的图片相互重合。

（2）下面的现象,是平移还是旋转? 请你填一填吧。

（　　　　）　　　　（　　　　）　　　　（　　　　）

2. 用教材中的学具照样子做陀螺。

做好后先别急着转动,请你先想一想陀螺上的每个点转出的是什么形状,然后再试一试。

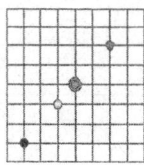 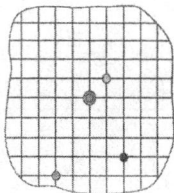 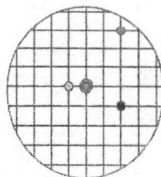 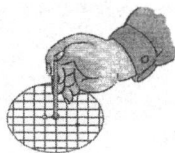

设计意图

作业 1:感知平移与旋转运动现象,建立初步的空间观念,初步渗透变换的数学思想方法。

作业 2:将数学知识融于生活实践中,满足学生对身边平移和旋转现象的好奇心。

《图形的运动（一）》作业设计

南川东路小学 谢 静

1. 找一找生活中的对称图形，并记录下来。

_____

_____

_____

2. 请用两张彩色卡纸照样子做贺卡。

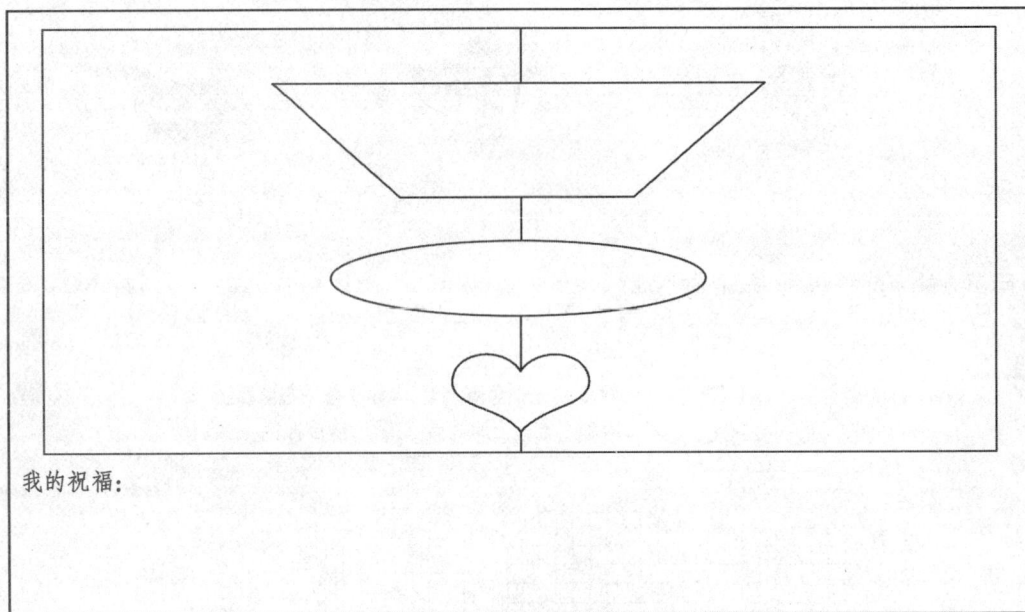

我的祝福：

设计意图

作业1：体验生活中有数学，感受学习的乐趣。

作业2：感受图形的对称美，进一步激发学生学习数学的兴趣。

《数学》二年级下册（人教版）

《估计长度》作业设计

劳动路小学　邓丽华

1. 请你和爸爸妈妈分别用以下两种方法估一估从你家到附近的商店有多远。

   第一种方法:时间估计法。

   要求:按平时走路的速度,不要刻意加快或放慢,家长协助记录用时。

   (1)走100米我大约要用(　　　　)分钟,从家到商店我大约要走(　　　　)分钟,
   　　所以我家到商店约(　　　　)米。

   (2)你和爸爸妈妈用的时间一样吗?你发现了什么?

   第二种方法:步数估计法。

   要求:按平时走路的步子,不要刻意放大或缩小,家长和学生记录自己的步数。

   (1)100米我大约要走(　　　　)步,从家到商店我大约走了(　　　　)步,所以我
   　　家到商店约(　　　　)米。

   (2)你和爸爸妈妈所走的步数一样吗?你发现了什么?

2. 请选一段路程用上面你喜欢的方法估一估它有多长。

设计意图

　　作业1:体验虽然路程一样,但是速度不同,所用的时间就不同;虽然路程一样,但步子大
　　　　　小不同,所走的步数也就不同。

　　作业2:学以致用,达到掌握并熟练应用的目标。

《数学》三年级上册(人教版)

《千米的认识》作业设计

华罗庚实验学校西宁分校　赵文霞

1. 在老师或家长的帮助下,在空地上量出 100 米的距离。

   (1)走一走,感知 100 米有多远? 再看看走 100 米大约需要多长时间?

   (2)想一想,几个这样的长度是 1 千米? 走一走,感知一下 1 千米有多远。

2. 估一估。

   我想估计从(　　)到(　　)的距离。

   我的方法:_____

   _____

   _____

   _____

设计意图

　　作业 1:通过量一量、走一走等活动,体验 1 千米有多远。

　　作业 2:提高学生的估测能力,进一步培养学生的长度观念。

《数学》三年级上册(人教版)

《分数的初步认识》作业设计

沈家寨小学　孙明燕

1. 下面图形中涂色部分的表示方法对吗？正确的画"√"，错误的画"×"。

   $\dfrac{1}{2}$（　　　）　　 $\dfrac{1}{3}$（　　　）　　 $\dfrac{1}{4}$（　　　）

2. (1) 把一个苹果(　　　)切成四块，每块是这个苹果的(　　　)分之(　　　)，

   写作(　　　)。

   (2) 八分之一写作(　　　)，$\dfrac{1}{9}$读作(　　　)。

   (3) 8个同学平均分一块蛋糕，每个同学分得这块蛋糕的(　　　)。

   (4) 小红过生日，爸爸吃了整块蛋糕的四分之一，妈妈吃了六分之一，爸爸和妈妈谁吃得多？

3. (1) 寻找生活中的几分之一，并记录下来。

   _____

   _____

   (2) 评一评。用分数进行评价。

   ① 我今天掌握了本课知识的几分之一。(　　　)

   ② 我对自己的满意度有百分之多少。(　　　)

   ③ 我认为班内有几分之几的学生基本掌握了今天的知识。(　　　)

设计意图

　　作业1：强化学生对分数的认识。

　　作业2：引导学生感受生活中处处有分数，培养学生把所学知识运用到实践中的习惯。

　　作业3：体会分数在生活中的应用。

《认识东、南、西、北》作业设计

南川东路第二小学　王国锋

1.（1）早晨起来,当你面对太阳时,你的前面是(　　　),你的后面是(　　　),你的
　　左面是(　　　),你的右面是(　　　)。

　（2）小红面向东方,她向左转,这时她面向(　　　)面。

2.（1）书店在学校的_____面,
　　超市在学校的_____面。

　（2）学校在邮局的_____面。

　（3）小明家在学校的_____面,
　　学校在小明家的_____面。

3.（1）查资料,说说在生活中怎样辨别东、南、西、北。

　　_____

　　_____

　（2）说一说,你房间的东面、南面、西面、北面各有什么。

　　_____

　　_____

设计意图

作业1:学生能够根据给定东、南、西、北四个方向中的一个方向,辨认其余三个方向,为后
　　续学习打下基础。

作业2:会用方位词描述物体位置,形成初步的方位感,培养空间观念。

作业3:主动运用数学知识解决生活中的问题,培养学生的应用意识,增强实践能力。

《数学》三年级下册(人教版)

《认识面积》作业设计

西关街小学　杨凤蕊

1. 了解面积的由来,说一说你对"面积"两个字的理解?

2. (1)给下列图形涂色,说一说哪个图形面积最小?

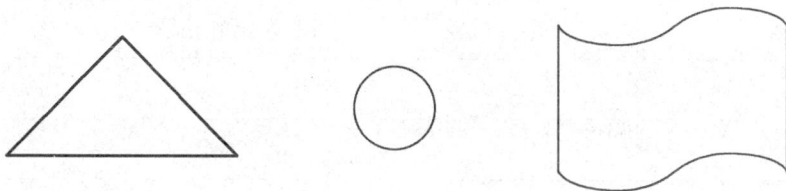

(2)观察数学书的每一个面,比较哪个面的面积最小。数学书任意摆放,各个面的面积会变化吗?

3. 比较下面两个图形的周长和面积,说明理由。

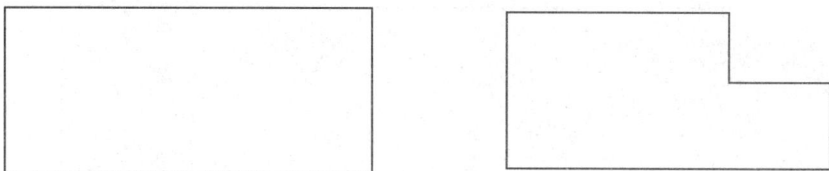

设计意图

作业1:使学生带着问题进课堂,培养学生的自主探究能力。

作业2:通过不同的图形,让学生认识到曲面有面积,突出概念的本质;让学生意识到图形的面积不会因摆放形式的变化而变化,树立学生的面积守恒意识。

作业3:通过对比练习,明确面积和周长的区别。

《数学》三年级下册(人教版)

《24时计时法》作业设计

七一路小学　韩慧丽

1. 用普通计时法和24时计时法,记录自己周六的作息时间。

___月___日

我的安排	普通计时法	24时计时法	经过的时间

2. 你的时间作息安排得合理吗？想改进哪里,请写下来。

_____

_____

_____

_____

设计意图

作业1:让学生把学过的知识运用到实际生活中,巩固两种计时法的不同表示方法。

作业2:使学生能根据所学知识合理安排时间,达到学以致用的目的。

《数学》三年级下册(人教版)

《年月日》作业设计

南山路小学　杨丽君

1. 制作今年二月、三月、七月、十一月的月历卡。

2. 下面的年份中是闰年的画"√"。

   1914 年(　　　　)　　　1960 年(　　　　　)　　　1984 年(　　　　　)

   1990 年(　　　　)　　　2000 年(　　　　　)　　　1900 年(　　　　　)

   我的方法:_____

   _____

3. (1) 如果今天是星期五,再过 10 天是星期几?

   (2) 今年暑假从 7 月 8 日正式开始,8 月 31 日开学,一共有几天?

   (3) 张叔叔从 6 月 11 日开始休假到 6 月 30 日,一共休假几天?

设计意图

作业 1:把知识融于具体活动中,使学生深切体验到数学知识与生活实际的密切联系,感悟数学就在我们身边。

作业 2:促使学生轻松愉快地掌握闰年的相关知识,开阔视野,增强学生的实践应用能力。

作业 3:解决生活中的实际问题,唤起学生的学习兴趣。

《数学》三年级下册(人教版)

《三角形三边关系》作业设计

南川东路小学　　王铫弘

1.(1) 三角形任意两边之和(　　　)第三边。

    A. 小于　　　　　　　　B. 大于　　　　　　　　C. 等于

(2) 下列三条线段能组成三角形的是(　　　)。

    A. 3厘米,4厘米,5厘米　　　　B. 9厘米,6厘米,15厘米

    C. 4厘米,4厘米,12厘米　　　　D. 6厘米,6厘米,13厘米

2. 三条线段要围成三角形,括号里最大能填几。

(1) 4厘米,(　　　),7厘米　　　　　　(2) 5厘米,9厘米,(　　　)

(3) 6厘米,6厘米,(　　　)　　　　　　(4) 3厘米,8厘米,(　　　)

3.(1) 小兰要取三根小棒围成一个三角形。她已经取了两根,第一根长5厘米,第二根长12厘米,请写出第三根小棒的长度范围。

(2) 叔叔用一根28厘米长的木条做一个三角形,应该怎样将木条截成三段,使它一定能围成一个三角形?(请尽可能多地列举方法)

设计意图

作业1:巩固课堂上涉及的知识点。

作业2:使学生更加灵活地运用知识点,活跃思维。

作业3:学以致用,提高解决实际问题的能力。

《数学》四年级下册(人教版)

《轴对称》作业设计

红星小学　沈裕玲

结合春节元素,在 A4 纸上设计一幅轴对称图形。

设计意图

　　让学生在喜庆的氛围中多角度了解春节,了解传统文化;感受对称在生活中的应用,体会数学的价值。

《数学》四年级下册(人教版)

《轴对称》作业设计

北大街小学   谢小娟

1. 下面是镜子中看到的挂钟时间,请认真思考,画出挂钟当时的时间。

2. 请按照给出的对称轴画出第一个图形的轴对称图形和第二个图形向上平移 3 格后的图形。

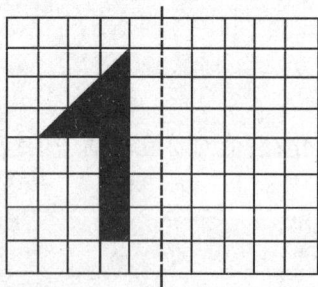

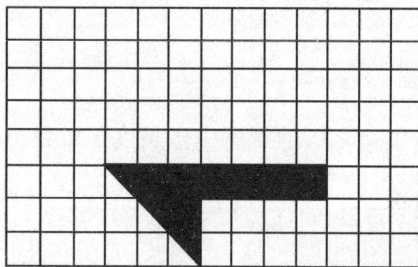

3. 古今中外,许多著名的建筑都是对称的,比如中国的赵州桥,法国的埃菲尔铁塔,你还知道哪些对称的著名建筑? 查一查,并记录下来。

设计意图

作业 1:巩固轴对称图形知识,加深对镜面对称的理解。

作业 2:训练动手操作能力。

作业 3:感受生活中处处有数学,培养学生用数学、爱数学的意识。

《数学》四年级下册(人教版)

《轴对称》作业设计

南大街小学　王晓静

1. 对称图形在我们生活中随处可见。请同学们通过拍照或者利用网络、书籍、报纸等渠道收集对称图形的图片,或者自己动手剪纸、拼图、绘图等创作对称图形。

2. 将你准备好的对称图形图片整理成册,图册中不少于 10 张作品,其中至少有两张是自己绘制的对称图形,并且要有图册封面。

设计意图

作业 1:让学生收集生活中的对称图形,体会生活中有数学,增强数学学习兴趣。

作业 2:使原本枯燥抽象的数学知识变得生动活泼,让学生感受对称的美。

《数学》四年级下册(人教版)

《小数除法》作业设计

七一路小学　冶文萍

1. 请将超市购物小票贴到 A4 纸上,然后按要求完成以下各题。

   (1) 读一读每个物品的单价和金额,说一说分别是几元几角几分。

   (2) 请你提一个小数除法的问题并解答。

   (3) 如果某一样物品的单价看不清,你能通过其他的数据求出它的单价吗? 说
       一说计算过程。

2. 根据收集的小票,请你提出一个问题并解答。

设计意图

作业 1:通过实际生活中的数学,激发学生的学习兴趣,感知生活中处处有数学。

作业 2:培养学生提出问题、解决问题的能力。

《数学》五年级上册(人教版)

116

《三角形的面积》作业设计

南川东路小学　马文辉

1. 通过请教家人、自学、上网等方法,探究三角形面积的计算方法,并弄清楚这个方法的道理,把推导过程贴(或画)在下面。课上交流,看谁讲得好。

2. 如图,平行四边形的面积是 12 平方厘米,求涂色三角形的面积。

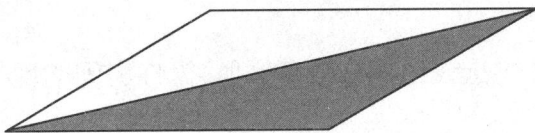

设计意图

作业 1:通过探究三角形面积的推导方法,提升学生获取信息和自主学习能力。

作业 2:加深对等底等高的三角形和平行四边形面积关系的理解,训练学生的逆向思维能力。

《数学》五年级上册(人教版)

《多边形的面积》作业设计

南山路小学　曹　静

1. (1) 正方形、长方形、平行四边形、梯形、三角形我们都认识了,说说各自面积的
计算方法。

　　(2) 请用上网、请教他人等方式探究陌生图形面积的算法。

　　(3) 想一想,它们的面积为什么可以这么算? 长方形、平行四边形、梯形、三角形
的面积计算方法之间有什么联系?

2. 挑选自己喜欢的多边形,为你房间的地板设计图样并涂色。

设计意图

作业1:结合教材,培养学生自主探索的意识。

作业2:让学生在做数学特色作业的过程中展现自己的智慧,张扬个性。

《数学》五年级上册(人教版)

《多边形的面积》作业设计

水井巷小学　张毓珍

1. 在格子图上数出这 13 个图形的面积(每个小正方形的面积为 1 平方厘米)。说说你数每一个图形时有什么好方法。

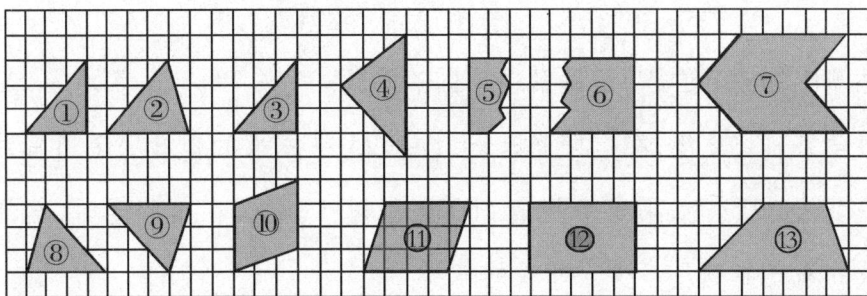

2. 如右图,已知每个小方格的面积是 1 平方厘米,请估一估李小华出生时脚印的面积约是( )。

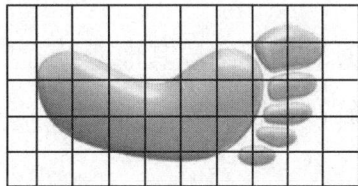

　　A. 5 平方厘米

　　B. 12 ~ 32 平方厘米

　　C. 32 ~ 40 平方厘米

3. 说 说,在解决不规则图形面积时,我们要注意哪些问题?

设计意图

作业1:让学生明确计算组合图形的基本思路,鼓励学生用不同的方法计算,在比较中优化算法。

作业2:培养估算意识和计算策略,体会估算方法的多样性。

作业3:引导学生回顾复习解决不规则图形面积的方法。

《数学》五年级上册(人教版)

《组合图形的面积》作业设计

南山路小学　马艳青

1. 运用多种方法估测一片树叶的面积。

2. 利用估测出的树叶面积,正确解决下面的问题。

　　科学家研究发现,在有阳光时,大约每25平方米的树叶一天所释放的氧气可供一个人呼吸。如果这棵树有10000片树叶,那么在有阳光时,这棵树一天所释放的氧气能满足多少人呼吸的需要?

3. 利用网络或其他资源查找森林对环境的作用和森林的现状等相关资料。
4. 畅谈自己在本次实践活动中的感悟。

设计意图

作业1:了解所学知识间的联系,体会数学知识在解决问题中的应用。

作业2:培养学生提出问题、分析问题和解决问题的能力,以及合作交流的能力。

作业3:使学生亲身经历研究性学习的过程,体验学习的乐趣。

作业4:通过应用和反思,获得数学活动经验和成功体验,提高学习数学的兴趣。

《数学》五年级上册(人教版)

《观察物体(三)》作业设计

水井巷小学　廖发秀

用棱长是 1 厘米的小正方体紧靠墙角摆成下图。

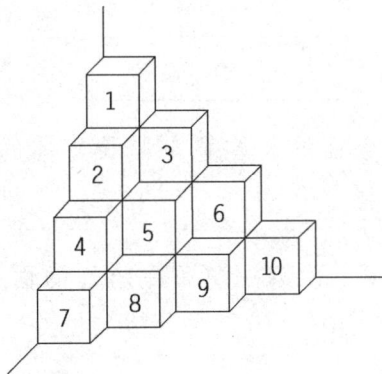

(1)画一画这个立体图形从正面、右面、上面观察到的图形。

(2)想一想拼摆这个几何体一共用了多少个小正方体？从图中取走(　　)号小

正方体后,从正面、上面、右面看到的图形和原来相比没有变化。

设计意图

通过观察,培养和发展学生的空间观念,能够辨认从不同方向观察到的物体形状。

《数学》五年级下册(人教版)

《长方体和正方体》作业设计

1. (1) 找一找生活中有哪些物品的形状是长方体或正方体,把它们的名字写下来。

   长方体:_____

   正方体:_____

   (2) 找一个长方体的纸盒,观察六个面的长和宽与原长方体的长、宽、高有什么关系。

2. (1) 找一个长方体测量出它的长、宽、高,算一算每一个面的面积,然后求出它们的总面积。

   (2) 想一想,有没有简便方法来计算。

3. 请完成下面的表格。

难度	长(厘米)	宽(厘米)	高(厘米)	表面积(平方厘米)
☆	6	5	4	
☆☆	6.1	5.2	4.3	
☆☆☆	8	比长短2.4	你的年龄	
☆☆☆☆	12		4	352

设计意图

作业1:通过观察长方体及其展开图,培养学生的空间观念。

作业2:将前后知识融会贯通,帮助学生建构长方体、正方体表面积的数学模型。

作业3:提高学生的计算能力,强化立体图形的表面积知识。

《折线统计图》作业设计

城中区教研室　谈有恒

1. 在报纸、杂志或者图书上找一个折线统计图(包括复式折线统计图),贴在下面,说说你读懂了什么。

2. 小组合作调查同学们感兴趣的事,用统计表、统计图将统计的结果呈现出来,并说一说你能从数据中发现什么?

设计意图

作业 1:让学生寻找生活中的折线统计图,学会用数学的眼光观察世界,发现统计的应用价值。

作业 2:开展活动,让学生经历小课题研究的一般过程,积累活动经验。

《数学》五年级下册(人教版)

《小数乘法》作业设计

南山路小学　王　强

1. 本单元你最感兴趣和疑惑的问题是什么。

2. (1) 单元错题分析与改正。

错题举例：	错题改正：
错因：	

(2) 学完本单元,请谈谈你的认识和收获。

_____

_____

_____

_____

设计意图

作业1:回顾与反思本单元学习中的收获和存在的问题。

作业2:通过梳理典型错例,帮助学生巩固知识。

《分数乘法》作业设计

北大街小学　杨小琴

1. 一根铁丝长 45 米。

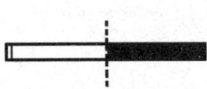 用去它的 $\frac{1}{2}$，用去了多少米？

算式：(　　　) × $\frac{(\qquad)}{(\qquad)}$ = (　　　)（米）。

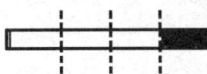 用去它的 $\frac{3}{4}$，用去了多少米？

算式：(　　　) × $\frac{(\qquad)}{(\qquad)}$ = (　　　)（米）。

2. 看图列式并计算。

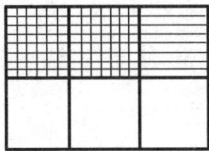
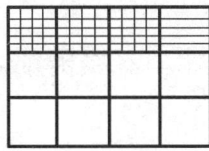

$\frac{1}{2}$ × $\frac{(\qquad)}{(\qquad)}$ = (　　　)

$\frac{(\qquad)}{(\qquad)}$ × $\frac{(\qquad)}{(\qquad)}$ = (　　　)

设计意图

作业 1：直观地以线段图的形式解决分数乘法问题。

作业 2：培养学生的观察、分析、理解能力。

《数学》六年级上册（人教版）

《圆的认识》作业设计

北大街小学　　熊桂平

1.(1)画一个半径是 1 厘米的圆。　　(2)画一个直径是 3 厘米的圆。

(3)画一个周长是 15.7 厘米的圆。　　(4)画一个面积是 28.26 平方厘米的圆。

2.芳芳家的餐桌是圆形的,桌面直径 1.5 米,桌子高 1.2 米。妈妈要给餐桌配一块正方形桌布,要使正方形桌布的四角刚好接触地面,正方形桌布的边长应是多少米?

设计意图

作业 1:通过循序渐进地画圆,深化学生对圆心、半径、直径的认知。

作业 2:拓宽学生知识面,体会数学在生活中的应用价值。

《数学》六年级上册(人教版)

《圆的认识》作业设计

劳动路小学　裴金凤

1. (1) 你知道关于圆的哪些知识？用喜欢的方法画一个圆。

   (2) 请你在下列正方形内画一个最大的圆,在圆内画一个最大的正方形。

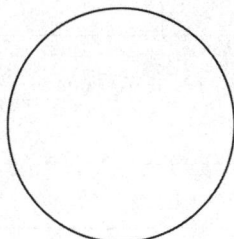

2. 用圆规和三角尺设计一个美丽的图案吧!

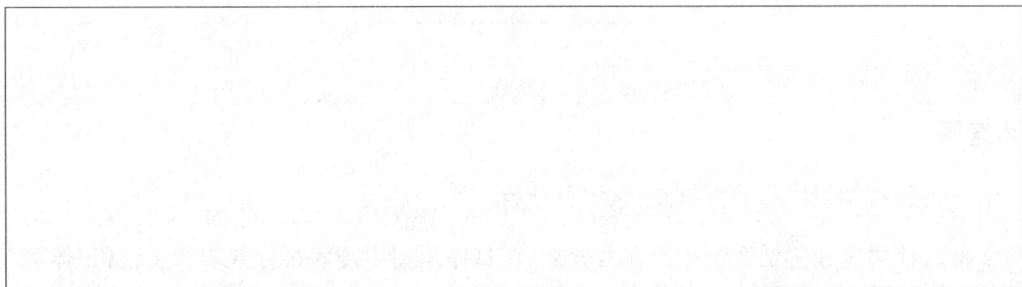

设计意图

作业1:巩固圆的知识,拓宽学生的视野,增加学习的乐趣。

作业2:鼓励学生动手创作各种各样的图案,激发学生的学习积极性,增加学习的乐趣。

《数学》六年级上册(人教版)

《百分数的意义》作业设计

1. 自学课本第 82~83 页。

2. 你了解百分数吗？在生活中寻找有关百分数的例子，并说一说它表示的意义。

_____

_____

_____

_____

　　　　从上面的例子，我发现：_____

_____

_____

_____

设计意图

　　作业 1：研判学习内容的重难点，认识百分数。

　　作业 2：让学生在生活实例中感知百分数，在具体运用中理解百分数的意义，真正体会"数学来源于生活，又回归于生活"。

《数学》六年级上册(人教版)

《圆柱的表面积》作业设计

沈家寨小学　盛　霞

1. 请和家长一起用硬卡纸制作一个厨师帽。

2. 制作这样的一顶帽子需要多少材料,请计算它的表面积。

设计意图

作业 1:引导学生在实践操作中体验数学学习的乐趣。

作业 2:在实践中进行有效学习,使学生主动思考,学会圆柱表面积的计算方法。

《数学》六年级下册(人教版)

《绿色出行》作业设计

南川西路小学　王兴梅

1. 生活中的绿色出行方式有哪些？说说绿色出行的好处有哪些。

2.

家庭成员	出行方式	速度（千米/时）	单程所用时间（分钟）	排放二氧化碳（千克）
爸爸	私家车	40 千米/时	45	4.1
妈妈	公交车	30 千米/时	30	0.75
小明	步行	50 米/分	15	0

(1) 通过上面表格中的内容，你知道了什么？

(2) 如果全年按 245 个工作日计算，爸爸的车会排放多少二氧化碳？（按每日往返一次计算）

(3) 关于绿色出行，我们能做什么，说一说自己的想法。

设计意图

作业 1：联系实际生活，了解绿色出行及其好处。

作业 2：让学生经历具体问题"数学化"的过程，通过计算，充分感受绿色出行与我们每个人的生活息息相关。

《数学》六年级下册（人教版）

英语

《It's red》作业设计

北大街小学　　王海瑛

1. 听音跟读第一模块第一单元的所有内容。

2. 用学过的句型"It's…"告诉你的爸爸妈妈今天英语课上所学的颜色。

3. 在家混合颜色,并说一说什么颜色混合在一起,得到了什么颜色。你可以运用 "Red and yellow is orange."这样的句型。然后,给空白处涂上相应的颜色。

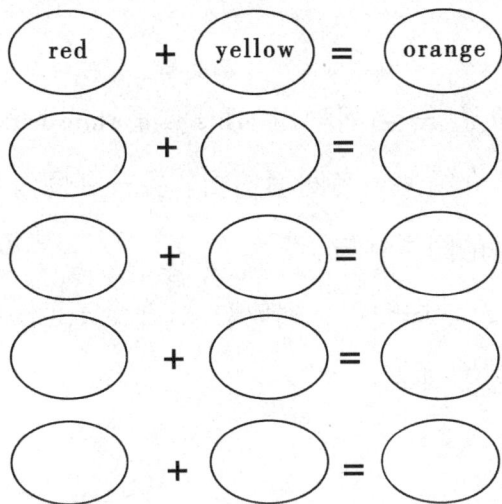

设计意图

作业1:注重养成听和读的习惯,培养英语语感。

作业2:通过简单的交流,能表达简单的情感。

作业3:在教师的指导下用英语做游戏,通过游戏进行简单的英语口语交际。

《英语》一年级上册(外研版)

《That is a yellow cat》作业设计

南大街小学　谢文青

1. 简单画出生活中的事物,如鸟、熊猫、窗户、门、桌子、椅子等,并涂上自己喜欢的颜色。

2. 两名同学分别站在教室的两边,一名同学用"This is a white cat."介绍自己的画,用"That is a black dog."介绍另一名同学的画。另一名同学用同样的方法介绍两幅画。尽可能让更多的同学参与。

3. 进行四人小组活动,把生生互动后的句子编成对话,在全班范围内评比出画画小能手、表演小能手和创作小能手。

设计意图

作业1:利用绘画、涂色引导学生学习,增强学生的学习兴趣。

作业2:让学生快速熟练掌握"This is⋯"和"That is⋯"句式。

作业3:激发并保持学生学习英语的兴趣。

《英语》一年级上册(外研版)

《She's a nurse》作业设计

沈家寨小学　梁　静

1. 听磁带，复习跟唱"*The Doctor on the Bus*"，并鼓起勇气将这首歌唱给家人听。

2. 画出自己家庭成员的工作照，并用今天学过的英语句子说一说。明天带着你的画作，用上"This is…""He／She is…"句式和同学们一起交流。

设计意图

作业1：培养学生的基础英语语言能力和语言素养。

作业2：让学生在目标语句和对应事物之间建立联系，加强运用。

《英语》一年级下册(外研版)

《These snakes are short》作业设计

玉井巷小学　赵枫霞

1. 大声朗读书本第 32～33 页课文,和同组的同学比一比。

2. 绘制一个动物园,并在其中画上自己喜欢的动物,然后用"There ∕ These are…"
   句式向同学、家人介绍动物园里的动物。

设计意图

作业1:加深对单词的认识,充分发挥合作精神,逐步培养学生对英语的学习兴趣。

作业2:让学生从生活出发,从细微处观察,自主探索,展示自我。

《英语》一年级下册(外研版)

《I like the ABC song》作业设计

沈家寨小学　冷长辉

1. 亲爱的小小书法家,请画出四线三格并写出 A、B、C、D 四个字母的大小写。

（空白答题框）

2. 独立制作出精美且有创意的字母卡片。

设计意图

作业1:引导学生及时巩固当天所学字母。

作业2:锻炼学生的动手能力,培养学生的创造性思维。

《英语》二年级上册(外研版)

《I don't like meat》作业设计

七一路小学　王照珺

1. 在家长的协助下,用超轻黏土制作自己喜欢和不喜欢的食物(至少2~3种)。

2. 让孩子们展示自己的黏土作品,并用本课学习的句子"I like…"及"I don't like…"来表达自己喜欢及不喜欢的食物。可以让家长录制小视频,发到班级群里,由大家评选最佳制作小达人及最佳表达小达人。

设计意图

作业1:调动学生学习及运用英语的积极性。

作业2:加强对新单词及新句型的运用,培养学生英语学习兴趣,增强学生说英语的信心。

《英语》二年级上册(外研版)

《We have Christmas》作业设计

南川东路第二小学　洪凌婷

1. 发挥想象力,用身体的各个部位,如五官、手、脚等摆出字母造型,也可以和同学一起合作,这样会更有趣哦。

2. 如图,鼓励学生充分发挥自己的想象力,利用 26 个字母创造出一幅小作品,可以是一个人,也可以是一个小动物。

设计意图

作业 1:培养学生的创新能力。

作业 2:引导学生感知字母书写的兴趣味性,激发学生的无限创意。

《英语》二年级上册(外研版)

《What's the weather like?》作业设计

南川东路小学　阿吉珍

1. (1) 请学生观看晚间的天气预报,记录北京、上海、广州、拉萨和青海这五个城市的天气状况,并尝试画出晴天、下雨、下雪、刮风等天气符号。

 (2) 画出四线三格,将 sunny、windy、rain、snow 等单词规范地写在对应的天气符号之下。

2. (1) 听录音,复习课文和单词。

 (2) 请学生扮演天气播报员,互相询问和回答各地天气情况。

设计意图

作业1:引导学生熟悉教学内容,提升学习兴趣。

作业2:引导学生进一步巩固表示天气现象的单词。

《英语》二年级下册(外研版)

《What's the weather like?》作业设计

南大街小学　李润霞

1. (1) 熟练地读出本课的重点单词：hot、sunny、windy、rain，并且要知道它们的意思。有兴趣的同学可以画图做四张单词卡，并尝试着读给同学或者爸爸妈妈听。

   (2) 请你在完成了本课的学习之后，熟练地读出本课的课文。尝试着读给同学或者爸爸妈妈听。

2. (1) 请你和同学一起聊聊今天的天气。

   A：What's the weather like?

   B：It's cold／hot…

   (2) 结合我们上学期学过的关于季节的内容，询问一下周围的同学。

   A：What's the weather like here in summer/winter?

   B：It's hot／cold.

设计意图

作业1：帮助学生复习单词和课文，获得成就感，激发其英语学习兴趣。

作业2：和同学一起完成作业，增强团队合作意识。

《英语》二年级下册（外研版）

《What's the weather like?》作业设计

华罗庚实验学校西宁分校　景艳丽

1. 结合当天的天气预报,在地图上找到自己家乡所在地,并画出天气图标。然后在小组内交流展示自己家乡当天的天气情况,运用"It's…"句型,如"It's sunny in Xining."

2. 通过观看短片,了解我国一些著名景区及其所在城市,针对自己向往的城市做旅行计划,包括了解该城市的天气情况。运用"It's…"的句型向家人介绍一下吧!

3. 同一季节不同国家或城市的天气情况不同,请学生借助网络及家长的帮助找出原因。

设计意图

作业1:将所学内容和现实生活有机联系起来,用课本所学句型进行交流,增强学生说英语的信心。

作业2:活学活用,拓展思维,让学生感受学习英语的乐趣。

作业3:培养学生的发散性思维及综合素养。

《英语》二年级下册(外研版)

142

《I'm drawing a picture》作业设计

华罗庚实验学校西宁分校　沙永菊

1. 唱歌比赛(前置性作业)。

对于基础好一点的学生,要求仿照例句"I'm listening to music."自己编歌词,并且能够在教师的引导下顺利演唱。

对于基础一般的学生,要求仿照例句编写至少两句歌词,采用说一说的方式表达出来。

2. 表演和猜一猜(课堂作业)。

准备单词卡片,如:listening、watching、walking、playing、eating 等,让学生两两自由建组,进行表演和猜。一位同学看了卡片后进行表演,由另一位同学猜,可用英语提问,比如:"Is he playing basketball?"其他同学可回答:"Yes, he is."或"No, he isn't."

3. 绘画展(课堂作业)。

学生将自己绘制的全家福照片拿到班里,向老师和同学们介绍自己的作品,如:"I'm listening to the radio." "My father is eating." "My mother is watching TV."

设计意图

作业1:分层设计作业,照顾不同层次的学生群体,让学生体验成功的乐趣。

作业2:创新作业形式,增强学生的学习兴趣,提高英语表达能力。

作业3:培养学生的创造能力和实践能力。

《英语》二年级下册(外研版)

《Turn left!》作业设计

水井巷小学　李逸宣

1. 全体学生听歌曲《兔子舞》,并在听到关键词语和句子(left、right、go、turn、a-round)时做出相应的动作。

2. 选做题。

　　(1)制作一个从学校或者家里去往某地的路线图,要求用到本课的关键指令性词语和箭头,然后带到班级中展示讲解。

　　(2)家长协助学生用手机录制一段去某地的路线介绍视频(1分钟),带到班级中播放。

设计意图

　　作业1:培养学生良好的听读习惯,训练学生对重点词语和句型的反应能力。

　　作业2:认同和尊重学生差异,让学生在生活中进行语言实践,全面提升学生综合运用语言的能力。

《英语》二年级下册(外研版)

《I can jump far》作业设计

南川西路小学　程　石

1. 根据汉语意思,选择对应的短语写在四线三格内。

run fast	winner	swim
jump high	slow	jump far

(1)跑得快 ＿＿＿＿＿＿＿

(2)慢的 ＿＿＿＿＿＿＿

(3)跳得远 ＿＿＿＿＿＿＿

(4)游泳 ＿＿＿＿＿＿＿

(5)胜利者 ＿＿＿＿＿＿＿

(6)跳得高 ＿＿＿＿＿＿＿

2. (1)学唱本课英文歌曲。

(2)试着自编英语歌曲。

3. (1)阅读短文,判断正(T)误(F)。

Alice has a party(聚会). What can her friends do at the party? Lily is a good singer(歌手). She can sing an English song. David isn't a dancer(舞蹈家). But he wants(想要) to dance for everyone(每人). Amy is going to(想要) play the violin. She can play it very well. What about John? He can't sing, dance or play the violin. But he likes the party.

①Lily, David, Amy and John are Alice's friends. 　　　　(　)

②Alice can't sing an English song. 　　　　(　)

③Lily can't sing well. 　　　　(　)

④Amy can dance for everyone. 　　　　(　)

⑤John can play the violin. 　　　　(　)

(2)在小组内做调查,用"Can you..."提问,其他组员用"Yes,I can."或"No,I

can't."回答,将调查结果填在表里。

Can you...	Name	Name	Name
run fast?			
jump high?			
jump far?			
ride fast?			
...			
...			

设计意图

作业1:帮助学生更好地掌握重难点。

作业2:把听、说、读、写活动上升为体验和创造性活动。

作业3:丰富词汇量,发展学生综合运用语言的能力。

《英语》三年级上册(外研版)

146

《I'm going to be a driver》作业设计

1. 根据自己实际情况将所缺单词填写完整。

　　　Hello, everyone! My name is _____. I'm a _____
(boy/ girl). I'm _____. I'm going to be a _____. I'm
going to _____. What about you?

2. 询问 5 位同学的理想,然后完成下面的表格。

Profession / Name	Nurse	Doctor	Teacher	Policeman	Driver	Pilot

设计意图

作业1:引导学生巩固新学的有关职业的单词,准确并且灵活运用"I'm going to be…"表达自己未来的职业理想。

作业2:理论与实际相结合,培养学生的学习兴趣和获取信息的能力。

《英语》三年级上册(外研版)

《She is very nice》作业设计

七一路小学　彭亚琴

1. 搜集所学过的形容词并归类。

   (1) 描述形态特征的形容词,如 big、＿＿＿＿＿＿、＿＿＿＿＿＿、＿＿＿＿＿＿、
   ＿＿＿＿＿＿、＿＿＿＿＿＿、＿＿＿＿＿＿等。

   (2) 描述心理状态的形容词,如 happy、＿＿＿＿＿＿、＿＿＿＿＿＿等。

   (3) 描述颜色的形容词,如 red、＿＿＿＿＿＿、＿＿＿＿＿＿、＿＿＿＿＿＿等。

2. 任选两道完成。

   (1) 画一幅你喜欢的人物画,用"He's / She's…"或"He's / She's got …"的句
   式描述此人的特征。

   (2) 说一个同学们熟知的动画卡通人物的特征,让其他同学猜猜他/她是谁?

   (3) 画一幅人物画,用以下句式写两到三句话,介绍此人的特征。

   This is ＿＿＿＿＿＿.（介绍人物）

   He's / She's ＿＿＿＿＿＿.（介绍性格特征）

   He's / She's got ＿＿＿＿＿＿.（介绍身体特征）

设计意图

作业1:帮助学生积累英语单词,并进行分类。

作业2:遵循作业设计的多元化和层次性,让学生体验成功的乐趣。

《英语》三年级下册(外研版)

《She is very nice》作业设计

南大街小学　罗　艳

1. 用单词 nice、shy、clever、quiet、naughty 和句型"This is…""She is very…""But she／he is a bit…"介绍自己的一位朋友或同学。

2. 画自己熟悉的一个人或一种小动物,然后使用所学句型在班级内进行交流。

设计意图

作业1:引导学生运用已学单词和句型,让学生体验成就感,激发学习兴趣。

作业2:通过绘画提高学生的想象力和创造力;在班内展示交流画作,提高学生的英语表达能力。

《英语》三年级下册(外研版)

《I'm going to help her》作业设计

玉井巷小学　董淑娟

1. 制作二十以内的口算题卡,同学之间互相提问或回答。

2. 用"This little boy/girl is…"句型及所学过的形容词描述身边的人,让同学们猜猜你所描述的人是谁。

设计意图

作业1:复习单词,培养学生的反应能力。

作业2:运用本课主要句型练习,巩固课堂所学知识。

《英语》三年级下册(外研版)

《It's very long》作业设计

1. 运用"This is…""It's very…"句型向家人介绍英国的泰晤士河、大笨钟和伦敦眼。

2. 画出自己最喜欢的地方,在课堂上用学过的句子介绍这个地方。要求在旁边写出简单的句子,并在课堂上进行展示。

设计意图

作业1:让学生将所学知识运用于生活中,提高口语表达能力。

作业2:创造真实语境,提高学生的口语表达能力。

《英语》三年级下册(外研版)

《Chinese people invented paper》作业设计

北大街小学　单　艳

1. 根据图片的提示,正确排列下列字母组成单词,并写在横线上。

 i,t,k,e ＿＿＿＿＿＿＿＿　 k,o,h,p,s,i,c,t,s,c ＿＿＿＿＿＿＿＿＿

 p,e,p,a,r ＿＿＿＿＿＿＿　t,u,f,l,e ＿＿＿＿＿＿＿＿＿

2. 想一想,中国人还有哪些发明,完成小短文。

Chinese people are very clever.

They invented important things.

Chinese people invented ＿＿＿＿＿＿＿＿.

Chinese people invented ＿＿＿＿＿＿＿＿.

Chinese people invented ＿＿＿＿＿＿＿＿.

Chinese people invented ＿＿＿＿＿＿＿＿.

We are Chinese. We love China.

设计意图

作业1:培养学生在实际中综合运用语言的能力。

作业2:开阔视野,激发学生的爱国情感。

《英语》四年级上册(外研版)

《It didn't become gold》作业设计

南山路小学　朱兰芝

1. 在课文中找出下列动词的过去式,写在括号里。

例：is ——was	play——（played）
have——（　　　）　do——（　　　）	help——（　　　）
make——（　　　）　take——（　　　）	paint——（　　　）
这样的动词还有： （　　　）——（　　　）	（　　　）——（　　　）

　　通过上表,你发现了什么? 把你的发现写在下面的横线上。

_____

2. 选出你喜欢的一个角色（The old wornom，Ma Liang，Bad Man）,并尝试着用英语写台词（第一人称）。

　　例：The old wornom：I'm hungry. Who can help me? please!

_____
_____
_____
_____
_____
_____

设计意图

　　作业1:让学生自己去发现规则动词和不规则动词的不同,为学习动词过去式打基础。

　　作业2:鼓励学生为自己喜欢的角色设计英语台词,培养学生的语言运用能力。

《英语》四年级上册（外研版）

《It's cheap》作业设计

七一路小学　张永芳

1. 收集身边的物品并标上合适的价格。

Name	Price

2. （1）句子接龙,每队派四名同学上台参加。

　　S1：This is…

　　S2：It's cheap/ expensive.

　　S3：It's big/ small/ beautiful…

　　S4：It's red/ white/ black…

　　（2）出示一个物品,由同学们猜测大概价格,接近者获胜。

设计意图

　　作业 1:引导学生了解所有物品都是有价值的。

　　作业 2:巩固练习课文句型,引导学生走近生活,了解物品特征和价值。

《英语》四年级下册(外研版)

154

《Don't feed the fish!》作业设计

水井巷小学　梁海蛟

1. 不同的地方有不同的规定,学完本课后,任选一个地点,如:图书馆(In the library),家(At home),公园(In the park),制定一些规则,三至五条即可。

   参照下图,制作小报,用学过的祈使句及其否定形式将规则表达出来。

Don't talk!
Don't write on the books!

2. 参考例句,选择一个地点,制作标志牌,并写上警示语。

Don't walk on the grass!　　　　　　Don't feed the panda!

设计意图

作业1:复习所学知识,帮学生巩固肯定祈使句和否定祈使句。

作业2:培养学生的规则意识和动手能力,为今后相关内容的学习奠定基础。

《英语》四年级下册(外研版)

《He shouted，"Wolf，wolf！"》作业设计

红星小学　纳金花

1. 听本单元录音,注意语音和语调,然后自己试着读一读。

2. 向家人和同伴展示所学的韵句。

3. 向家人和同伴讲述《狼来了》的故事,再准备一些简单道具,在课堂上表演这个
   故事。

4. 抄写本单元的重点词汇和语句。

_____
_____
_____

_____
_____
_____

_____
_____
_____

设计意图

作业1:加深学生对课文内容的理解,识记不会的词句,培养英语语感。

作业2:引导学生进一步感知韵句,理解歌词,培养学生的乐感、节奏感。

作业3:引导让学生在特定的情境中体验角色,提高口语表达能力,增强英语学习兴趣。

作业4:对重点词汇进行加强与巩固,扩大学生的词汇量,提高学生的语言表达能力。

《英语》四年级下册(外研版)

《His dog can help him》作业设计

华罗庚实验学校西宁分校　唐　伟

1. 跟磁带或使用点读笔学习课本第 38 页活动 1,注重模仿语音和语调。

2. (1)仿照课本第 40 页活动 4 的例句,用"This panda can…"句式为每个动物说
   一个句子。

   (2)选择一个自己喜爱的动物,至少用 5 句话说说该动物,建议从外形、性格、
   居住地、饮食和习惯等方面描写。

3. 询问同学最喜爱的动物并加深对该动物的了解,完成调查表。

Questions ＼ Name	Ms Tang		
What's your favourite animal?	I love pandas.		
What can they do?	They can climb up the trees.		
Where do they live?	They live in the mountains.		
What do they eat?	They eat lots of bamboos.		

设计意图

作业 1:强调语音语调的模仿,复习单词读音。

作业 2:学以致用,提高学生英语表达能力。

作业 3:让英语走进生活,培养学生学习能力和口语交际能力。

《Have you got the Harry Potter DVDs?》作业设计

南大街小学　尚小凤

1. (1)在下面方框中列出自己想阅读的书籍和想观看的光盘的名称。

(2)整理自己读过的书籍和看过的光盘,用简单的英语单词或词组表示。

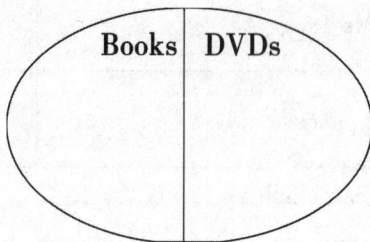

Books　DVDs

(3)将读过的书籍(最多两本)和看过的光盘(一盘)带到学校,在班级中进行

交流分享,然后和同学相互交换书籍和光盘。

2. 两两组队,熟练使用句型"Excuse me. Have you got…"和"Can I read it?"轮流提

问,并能根据自己的实际情况用句型"Yes, I have. / No, I haven't."和"Yes,

you can. / No,you can't."做出回答。

设计意图

作业1:通过整理自己的书籍和光盘使学生感受到学习的乐趣。

作业2:掌握基础知识,熟知语言使用环境,提高语言表达能力。

《英语》五年级下册(外研版)

《My favourite season is spring》作业设计

南山路小学　孙启莲

1. (1)用直线将四个季节的英文名称、天气情况以及人们能做的活动连起来。

spring   cold   make a snowman

summer   cool   have a picnic

autumn   hot   eat an ice cream

winter   warm   fly a kite

(2)结合所学知识,完成表格。

Season	Weather	Activities

(3)填空。

My favouite season is _____. Because it's _____.

I can _____.

2. 小作文:写一写你最喜欢的季节。

My favourite season

Hello，everyone！My favourite season is…

_____

_____

_____

_____

_____

_____

_____

159

设计意图

作业1:帮学生巩固有关季节、天气和活动的单词及短语。

作业2:鼓励学生用自己的语言描述最喜欢的季节,培养学生的英语写作能力。

《英语》五年级下册(外研版)

《I went to Chinatown in New York yesterday》
作业设计

南川东路小学　　阿吉珍

1. （1）听录音,跟读课文。

　　（2）请对已学的不规则动词及其变化形式进行归纳总结。

2. 给老师写一封电子邮件,讲述上周日发生在你身上的事情。有条件的同学也可以直接上网发送给老师。

3. 上网搜索有关唐人街的图片、文本进行浏览,并把搜索到的资源与信息用所学英文制作成小报与同伴分享,一起感受不同国家和区域的唐人街。

设计意图

　　作业1:培养英语语感;归纳总结不规则动词及其变化形式,复习动词的过去式。

　　作业2:调动学生的积极性,通过写发生在自己身上的事,帮助学生巩固过去时态的用法。

　　作业3:培养学生的自主学习能力,拓宽学生的知识面。

《英语》六年级上册(外研版)

《Do you want to visit the UN building?》作业设计

玉井巷小学　赵亚红

1. 听录音并跟读书本第50～51页课文,注意模仿语音语调。同桌两人扮演角色,进行对话练习。

2. (1)小组内一人用"Do you want to visit…"问另外两人,回答者根据个人意愿用"Yes, I do."或"No, I don't."作答,根据对话内容完成下表。

Name	The UN Building	The Big Ben	The Great Wall	The park
S1				
S2				

(2)根据表格内容补全下面的句子。

_____wants to visit _____.

_____wants to visit _____.

3. 设计一份家庭旅游行程计划单,并向同学、家人介绍自己的计划。

设计意图

作业1:引导学生巩固基础,充分发挥小组作用,培养语感。

作业2:通过对话,让学生自主探索,大胆展示自己。

作业3:结合生活进行英语交流,培养学生的语言综合运用能力。

《英语》六年级上册(外研版)

《I want a hot dog, please》作业设计

北大街小学　张维静

1. 仿照活动4的例句,设计一段在餐馆点餐的对话,注意使用恰当的礼貌用语。

_____

_____

_____

_____

_____

2. (1)选择活动4的一张图,展开一段对话。

_____

_____

_____

_____

(2)抄写活动3并翻译。

_____

_____

_____

_____

_____

设计意图

作业1:引导学生熟练掌握句型,培养语言综合运用能力。

作业2:帮助学生记住重点句型,巩固本课的知识点。

《What do you want to eat?》作业设计

华罗庚实验学校西宁分校　张晓燕

1. (1)认真听教学磁带或相应的音频,跟读单词 hot dog、cashier、cola、soup、
    dollar、cent、enjoy、meal。注意单词的发音和重音。

   (2)认真听读韵句和对话,能听懂并会说"What do you want to eat?""I want…,
    please."进一步强化语音语调。

   (3)把自己读的内容录下来,与原声进行比较,找出自己的不足,努力改进。

2. 仿照例子,仔细观察所学的单词,改变或增减一个字母,使其变成新的单词。

    例:old——cold　　　hot——pot

       (　　　　)——(　　　　)　(　　　　)——(　　　　)

       (　　　　)——(　　　　)　(　　　　)——(　　　　)

3. 在餐厅里点餐,我们会和服务员怎么对话呢? 请仿照所学内容,编写一段对话。

    参考词汇:curry chicken rice(咖喱鸡块饭)　　　　chicken wings(鸡翅)

       chicken rolls(鸡肉卷)　　　　milk tea(奶茶)

4. 收集生活中常见食品的英文名称,并记录下来。

设计意图

作业1:训练学生的听、读能力,准确掌握单词的发音和句子的语音语调。

作业2:在发音规则和构词法的帮助下,触类旁通,掌握更多单词的发音和拼写。

作业3:将口语练习落实到写作上,巩固所学内容。

作业4:鼓励学生善于发现,勤于积累,勇于实践,学以致用。

《英语》六年级下册(外研版)

《What do you want to eat?》作业设计

观门街小学　辛晓玲

1. 画一张思维导图,罗列几种常见的蔬菜、水果、饮料等。

2. 模仿书上的菜单设计一份自己的创意菜单。

3. 六个人一小组模拟 KFC 的消费场景,要求每位学生至少一句台词。

设计意图

作业1:丰富学生的词汇量,培养学生的发散思维。

作业2:联系生活,激发学生学习英语的兴趣。

作业3:将所学语言运用到真实语境中,激发学生开口说英语的兴趣。

《英语》六年级下册(外研版)

《What do you want to eat?》作业设计

南川西路小学　王　巍

1. 照样子画几个 letterman,快乐学单词吧。

fish　　　　　　orange　　　　　bread

2. 用"What do you want to eat?"句型问问家人,在他们想要的食物和饮料下打"√"。

Mum					
Dad					

3. 制作一个菜单,然后用本课所学句式和小伙伴进行情境对话。

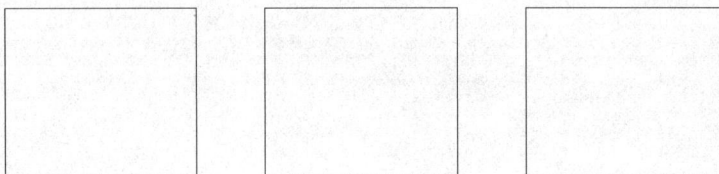

设计意图

作业1:引导让学生在创造的快乐中记住单词,培养学生的创造性思维。

作业2:让语言学习更加丰富多彩,提升英语教学的有效性。

作业3:帮助学生巩固单词、句型,锻炼学生交际的能力。

《英语》六年级下册(外研版)

《She couldn't see or hear》作业设计

南大街小学　李晓娟

1. （1）听读本单元单词和课文至少三遍。

   （2）识记本单元单词表词汇：born、illness、round、all over the world.

2. 听唱本单元歌曲"*When I was a baby*"，并录制下来。

3. 上网查找一些著名人物的相关资料，阅读并制作成小报。

4. 仿照本单元课文中对 Helen Keller 的介绍，用几句话简单地写一写你最喜欢的名人。

设计意图

作业1：复习巩固本单元语言基础知识。

作业2：学唱英文歌曲，激发学生兴趣。

作业3：在学习英语语言知识的同时丰富学生的知识储备量。

作业4：仿写句子，提高学生的综合能力。

《英语》六年级下册（外研版）

《Best wishes to you!》作业设计

城中区教学研究室　邱　军

1. 练习说唱,注意语言、语调及节奏,并尝试自行改编这个歌谣,下节课进行展示。

2. (1)听读活动 2 的内容,强调注意跟读时的语言、语调、语速。

   (2)摘抄出自己认为四篇短文中比较好的表达情感的语句,并尝试带着感情读一读、背一背。

3. (1)课后听活动 3 的内容,并记住这些告别时会用到的语言,练习时要体会语言所表达的情感。

   (2)仿照活动 3 的内容,自己学着用英文写一写毕业留言。

设计意图

作业 1:强化学生对英语语音和语调的感知。

作业 2:引导学生训练语音,积累语料。

作业 3:引导学生把语言知识有效地转化成语言能力。

《英语》六年级下册(外研版)

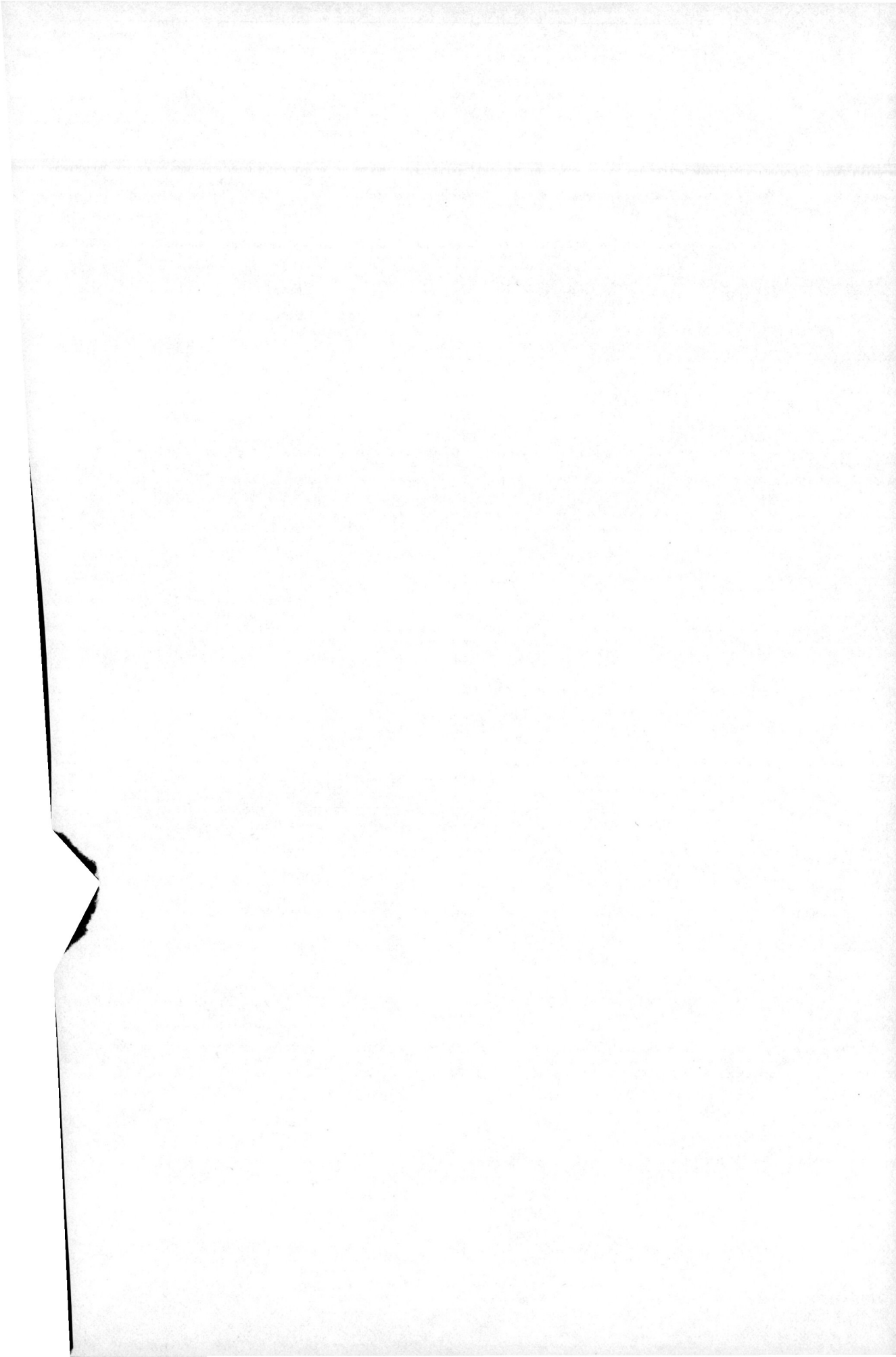